历史的丰碑丛书

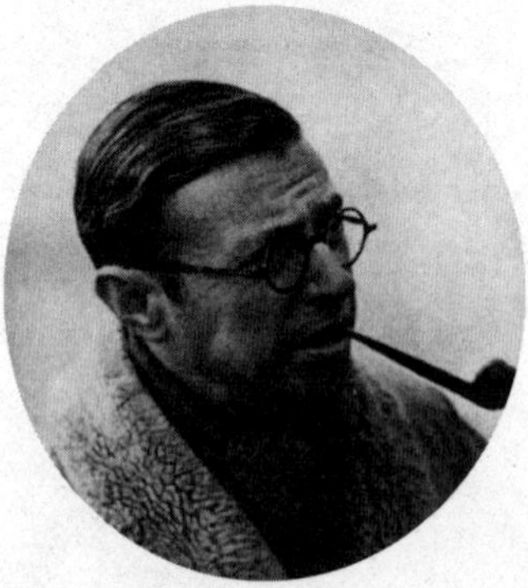

思想家卷

困惑的探索者
萨 特

张 闲 编著

吉林人民出版社

图书在版编目(CIP)数据

困惑的探索者——萨特 / 张闲编著. -- 长春:吉林人民出版社, 2011.4（2025.4 重印）

（历史的丰碑丛书）

ISBN 978-7-206-07601-5

Ⅰ．①困… Ⅱ．①张… Ⅲ．①萨特, J.P.（1905～1980）—生平事迹—青年读物②萨特, J.P.（1905～1980）—生平事迹—少年读物 Ⅳ．① K835.655.1-49

中国版本图书馆 CIP 数据核字 (2011) 第 038339 号

困惑的探索者 萨特
KUNHUO DE TANSUOZHE SATE

编　著:张　闲	
责任编辑:刘　涵	封面设计:孙浩瀚
制　作:吉林人民出版社图文设计印务中心	
吉林人民出版社出版 发行（长春市人民大街7548号 邮政编码:130022）	
印　刷:北京一鑫印务有限责任公司	
开　本:787mm×1092mm　1/16	
印　张:8	字　数:72千字
标准书号:ISBN 978-7-206-07601-5	
版　次:2011年4月第1版	印　次:2025年4月第3次印刷
定　价:35.00元	

如发现印装质量问题，影响阅读，请与出版社联系调换。

编者的话

"欲知大道，必先为史"。

回溯人类的足迹，人们首先看到的总是那些在其各自背景和时点上标志着社会高度和进步里程的伟大人物。他们是历史的丰碑，是后世之鉴。

黑格尔说："无疑，一个时代的杰出个人是特性，一般说来，就反映了这个时代的总的精神。"普希金说："跟随伟大人物的思想是一门引人入胜的科学。"

以史为鉴，面向未来。作为21世纪的继往开来者，我们觉得，在知史基础上具有宽广的知识结构、开阔的胸襟和敏锐的洞察力应是首要的素质要求，而在历史的大背景

◆ 历史的丰碑丛书

中追寻丰碑人物的思想、风范和足迹，应是知史的捷径。

考虑到现代人时间的宝贵，我们期盼以尽量精短的篇幅容纳尽量丰富的信息，展现尽量宏大的历史画卷和历史规律。为此，我们编撰了这套丛书。

编撰丛书的过程，也是纵览历代风云、伴随伟人心路、吸收历史营养的过程。沉心于书页，我们随处感受着各历史时期伟大人物所体现的推动历史进步的人类征服力量。我们随着伟人命运及事业的坎坷与辉煌而悲喜，为他们思想的深邃精湛、行为的大气脱俗而会意感慨、拍案叫绝。

然而，在思想开始远游和精神获得享受的同时，我们也随之感受到历史脚步的沉重

编者的话

和历史过程的曲折。社会每前进一步都是艰难的，都伴随着巨大的痛苦和付出。历史的伟大在于它最终走向进步，最终在血污中诞生了鲜活的"婴孩"。

历史有继承性和局限性，不能凭空创造。伟人也有血肉，他们的思想、行为因此注定了同样具有历史的局限性和阶级的、时代的烙印；他们的功业建立于千千万万广大人民群众伟大创造的基础上。历史是人民群众创造的，伟大的人物们是历史和时代造就的。同时，我们也无法否定此间他们个人的努力。这也正是我们编撰这套丛书的目的。

我们期盼着这套丛书得到社会的认同，对读者，特别是青少年读者之历史感、成就感和使命感的培养有所裨益。史海浩瀚，群

◆ 历史的丰碑丛书

星璀璨。我们以对广大青少年读者负责的精神，精心遴选，以助力青少年成长进步，集结出版了《历史的丰碑》系列丛书，敬请读者批评、指正。

历史的丰碑丛书

编委会

策　划：　胡维革　吴铁光
　　　　　林　巍　冯子龙
主　编：　胡维革　邢万生
副主编：　贾淑文　谷艳秋
编　委：（按姓氏笔画为序）
　　　　　于二辉　刘士琳
　　　　　刘文辉　孙建军
　　　　　李艳萍　吴兰萍
　　　　　杨九屹　隋　军

让-保罗·萨特是20世纪法国著名的哲学家、文学家，也是国际知名的社会活动家。以他为代表的存在主义思潮曾在西方国家风靡一时并产生了广泛而深远的影响。

萨特是时代的见证人。在半个多世纪的著作生涯中，他把他的笔与积极行动的人生、与动荡的尘世结合起来，写下了50多部各类作品和数以百计的文章；他积极地投身于国内国际的社会政治活动，勇敢地面对当代世界的各种矛盾和问题；对于各种重大的事件、危机，他从不屈服于任何压力和威胁而让自己的良知沉默。

固然，他的理论复杂而又充满矛盾，他的行为也往往不被理解，他似乎始终在困惑中探索，但他却又被称为"20世纪人类的良心"，因为他贡献给这个时代的与其说是他的思想，毋宁说是一个充满激情和正义感而又永不自弃的生命。

目　录

一生溯源	◎ 001
学说与错觉	◎ 019
行动起来	◎ 031
第三条道路	◎ 046
斗士	◎ 063
思想新变	◎ 082
希望	◎ 094
哲学——一种生活方式	◎ 105

历史的丰碑丛书

一 生溯源

> 我的生命是从书开始的……
> ——萨特

1905年6月2日,让-保罗·萨特出生于法国巴黎一个小资产者家庭。父亲让·巴蒂斯特是理工学校毕业生,法国海军军官,驻印度支那时染上阿米巴热病,于1906年9月17日去世。母亲安娜—玛丽·史韦泽身无分文,带着未满两岁的儿子回到巴黎西郊默东的娘家。萨特的外祖父查理·史韦泽是一位语言教师,当时62岁,为了供养女儿和外孙,直到67岁才退休,然后全家迁至巴黎。萨特的整个童年就是在外祖父家度过的。

老史韦泽学识渊博,曾以关于中世纪诗人汉斯·萨赫斯的论文获得博士学位。他工作十分勤奋,把讲课、阅读和写作视为一种娱乐而非仅仅是谋生的手段,并把这种意识灌输进童年萨特的心灵,这使得萨特自己从事写作的时候,还认为一本书的价值只有在悠久

← 萨特

的岁月中才能得到确立，书把钱带给自己就是一种偶然性；同时也使萨特对个人劳动与社会知识，个人自由与社会约束之间的关系逐渐形成了一种模糊错误的印象，这种印象由于阅读而加强了。

　　萨特3岁时，右眼因角膜翳引起斜视，而后失明，5岁时就戴上了眼镜。但他天资聪颖，识字后不久，老史韦泽的书房就对他敞开了，4岁时他就开始连蒙带猜，生吞活剥地读书。萨特在其童年自传《语词》中回忆道："我没有扒过土，没有掏过窝，没有采集过植物，没有扔石头打过鸟。然而书是我的鸟和窝，书是我的家畜和窝棚，书是我的乡间。书柜是一面镜子，把世界一并收入其间。它与世界一样无边无际，千姿万态，变幻莫测。"他后来承认自己正是通过书本来认识人，认识人生的。他感到："动物园里的猴子是有缺陷的，卢森堡公园里的人是有缺陷的人，现实中的一切总是不完满的""我按柏拉图的方式，从知识到知识的对象。我发现观念比事物更真实，正是从书本中我接触到了世界……但是我却把我的杂乱无章的书本经验同现实事件的偶然的进程混淆起来了。这一点可以解释为什么整整用了30年时间，我才从唯心主义中摆脱出来。"

童年的萨特贪婪地阅读莫泊桑、高乃依、伏尔泰和雨果等人的作品，特别是福楼拜的《包法利夫人》。他钦羡书中的主人公，常常想象着和他们一样，做出一番惊人的伟业。但是这个离群索居的孩子在现实中却发现自己渺小、孱弱而丑陋，并因而产生出一种深刻的悲哀和孤独感。他仍然坚持着自己的抱负。在外祖父的影响下，他开始写作。先是模仿报纸杂志和电

影，编写一些剑侠小说和游历故事。这些作品当然是幼稚可笑的，但却受到家人的称赞，他被视为神童。从这当中萨特体验到一种成就感，并逐渐产生出一种自尊心和自信心，发展了一种想象力。他觉得世界需要自己，觉得自己一定能跻身于大作家的行列。于是萨特发展出了一种内向的英雄主义："我把英雄高强的本领赋予作家……作为一个富于幻想的儿童，我似乎成了一个真正的勇士，我的功勋就是写出真正的书来。"

　　正是在这样的心理矛盾中，萨特萌生了强烈的愿望：成名和做一番事业。二者同时造就了萨特后来生命历程的两个特点：一方面他是一位勤于思考、写作的思想家和文学家；另一方面他又是一个喜欢故弄玄虚、哗众取宠的庸人。和一些大思想家相比，他的缺

← 包法利夫人电影剧照

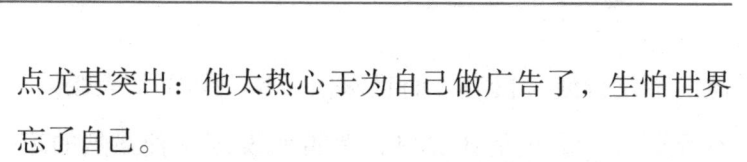

点尤其突出：他太热心于为自己做广告了，生怕世界忘了自己。

1917年，他的母亲改嫁了。继父约瑟夫·曼西是一位工程师，后来成为拉罗舍尔船舶修造厂的经理。萨特不得不离开外祖父，随母亲去拉罗舍尔。母亲的改嫁，在萨特的心灵深处投下了浓重的阴影，他更加孤独了。"我母亲的改嫁使我割断了与她在情感上的内在的联系，我感到她已经背叛了我，尽管我没有把这种想法告诉她。"他在感情上同继父也格格不入。"无论什么事，只要是他说的或相信的，我都故意反对。我感到在我们的关系中，有许多模糊不清的东西。对于他，我没有子女的同情心；事实上，在我们之间有一种根本敌对的情绪，尽管在表面上，我们的关系是正常的，我尊敬他，承认他具有某种支配权力。"继父要求萨特成为一名从事科学的教师，而萨特却决心成为一名哲学博士，这不仅是因为他想用哲学去揭示永恒的真理，而且也是一种逆反心理的表现。

萨特把在拉罗舍尔度过的三四年，看作是一生中最不愉快的岁月。在1973年2月3日与记者的一次访谈中，他宣称，正是在拉罗舍尔船厂，他第一次懂得了"阶级斗争的观念"。在那里，他认识了资产阶级：他们不仅虚伪，而且对这种虚伪产生的结果感到满意；

他们不仅行使着权力,而且深信,这一切都是天赐的,不容更改。也正是在那里,萨特萌发出一种强烈的道德观念:厌恶资产阶级,总想揭露、讽刺和嘲弄他们,想看看他们怎样陷入窘境。

1922年6月,在17岁生日前一个星期,萨特通过了中学会考。老史韦泽为了表示对他的奖励,于暑假期间带着他旅游阿尔萨斯。同年夏天,萨特又写了一篇短篇故事和一篇小说的开头部分,内容大多是描述病态中的关于世界的经验、平庸的坏的信念、想象的世界与经验的世界之对比等等。第二年,它们被一家期刊登载,可以算是萨特最初发表的作品。

1924年6月,萨特以第7名的成绩考入巴黎高等师范学校。这所高等学府是近代法国思想家的摇篮,是当时法国哲学界泰斗亨利·柏格森的母校。正是这位哲学大师的唯心主义学说首先把萨特引进哲学的殿堂,也给萨特后来的存在主义理论打上了烙印。

柏格森主张,宇宙间真正实在的东西不是物质,而是纯粹意识;意识是流变的,连续的,不可分的,它变化无穷、川流不息而又相互交融,合成一体,意识的这种流变也就是"绵延";意识的"绵延"不能循环,不能预测,没有目标,不受任何约束,因而是绝对自由的,也是永远创造的;意识的"绵延"有一原动力，那就是生命冲动。它内在于意识，使意识作用于物质，战胜物质，这也就是创造的进化，生命冲动是宇宙万物之本。但是这个道理不能通过理智来认识，而必须凭直觉才能达到。理智可以认识物质界，形成科学，它具有实用价值，但并不反映实在，不是真理；直觉才能把握意识界，形成哲学，它揭示宇宙的实在，是真理，却并没有实用价值。柏格森把这套学说称之为"生命哲学"，也叫"直觉主义"。它曾在法国引起轰动，风靡一时。

萨特正是在读了柏格森的有关著作之后，对自己说："哲学真是了不起。"因为他认为"真理是从天上降落人间的"，而柏格森的哲学，正是使更多的真理从天上降落到了人间。于是他以柏格森的"绵延"学说为题，写了自己的第一篇论文，并且受到指导教师的好评和赞赏。

与此同时，他也受到了笛卡儿哲学的影响。"由于笛卡儿，我相信'我思，故我在'。"他还尝试组织了一次班级讨论会，题目是"桌子是什么"，并运用笛卡儿的观点，阐述自己对于这一问题的见解。

大学期间，他博览群书，除了上面提到的柏格森、笛卡儿之外，他还广泛阅读了马克思、弗洛伊德、叔本华、尼采、司汤达以及卢梭等人的著作。由于法国

←弗洛伊德（油画）

独特的学术传统，20世纪初的法国即使在大学中，也没有什么人对黑格尔进行认真的研究，而萨特也正是由于缺乏黑格尔哲学的修养，他从一开始就不能理解马克的思想。另外，由于多种原因，他也不喜欢当时流行于欧洲知识青年中的弗洛伊德精神分析学说。

　　萨特在高师各门学科成绩良好，尤其是哲学，更为出色。他曾在哲学教授亨利·狄拉劳克思鼓励下撰写了题为《心理生活中的想象》的论文，论述了自笛

困惑的探索者　萨特

卡儿以来的想象概念。关于"想象"的分析研究正是萨特早期哲学思想中的一个重要论题。这篇论文被评为优等。他还在一份大学期刊上发表过一篇论文：《近代法国思想中的国家理论》，又写过一篇小说，但未能发表。

年轻时代的叔本华

总体来说，4年独立自主的大学生活对萨特是十分愉快而且富有成效的，但事情并非总是一帆风顺的。1928年毕业时，萨特参加学位资格会试时竟失败了，他的论文出乎意料地名列第50，全班倒数第一。但他由此得到了一次教训："干这种事得要用一种创新的方式去表现一个平庸的论题。"

1925年夏，萨特再次参加会考，这次名列前茅。在这时考试中，他结识了同时参加会考的西蒙娜·德·波伏娃。波伏娃预感到这位朋友绝不是等闲之辈，后来她在回忆录中写道："他只是为写作而活着……确实，他对坐办公室的生活毫无兴趣，他对陈规

旧习、等级、职业、家庭、权利和义务，即生活中一切严肃的东西深恶痛绝。他不能接受去拥有一种职业、同事、上级以及要遵守或强制实行法令的观念；他永远不会成为家庭中的一位父亲，甚至从他在学校的学习中，都可以看出他执着而自信地确立了令人震惊的、别出心裁而又相互和谐的一系列思想……我肯定他有一天会写出一部重要的哲学著作……"波伏娃这里所说的重要著作，指的就是萨特后来发表的《存在与虚无》。

此时波伏娃还预感到自己的命运再也不能与萨特的命运分开了。波伏娃自在高师与萨特相识之后，就一直陪伴着萨特再也没有分离过。他们虽然从未履行过结婚手续，但他们相敬如宾，相濡以沫，共同生

←尼采

活、战斗了50年，无论在哲学观点上还是在社会政治活动中都给萨特以尽可能地支持，而她本人也成为仅次于萨特的法国存在主义思想运动的重要代表和当时法国文坛有影响力的人物。而另一方面，他们虽形同夫妻，但又各自保持自身的独立。他们之间的这种关系实际上反映了他们对人生的一种观点，是在实践他们的存在主义思想，体现了他们要摆脱旧道路、追求新生活的愿望。

1979年6月21日，波伏娃与萨特在一起庆贺萨特74岁生日，及他们半生的友谊。

让-保罗·萨特和西蒙娜·德·波伏娃是20世纪世纪法国最伟大的思想家、哲学家和大作家。他们两人的名字在今天早已远播全球，而且成为我们这个时代最有影响的人物之一。他们二人富有

→司汤达

传奇色彩的一生更是人们谈论的焦点。其中最有争议、也最有独创性的就是二人终生生活在一起，但绝不去履行结婚手续。然而，尽管如此，谁也不能否定他们两人比好多夫妻更像夫妻，他们是恋人、是朋友、是战友，当然也是同志。他们到底是什么样的人？他们的故事是什么样的故事？他们究竟给我们的时代带来了什么影响？

1929年夏日的一天，西蒙娜经马欧的介绍，认识了萨特。

他们两人很快就单独约会了。每天清晨，西蒙娜只要能溜出家门，就一定要去见萨特。他们在一起谈论的东西实在太多了，朋友、书籍、生活、前途……长久的散步和漫长的谈话让他们彼此欣喜不已。

在夏天巴黎的风景下，一男一女在走着，谈着。男的个子矮，结实，戴一副教师眼镜，右眼受过伤，他总是在笑。女的个子高，瘦长。男的就是萨特，女的就是波伏娃。

萨特后来回忆了第一次见波伏娃时所留下的印象："我认为她很美，我一直认为她美貌迷人，波伏娃身上不可思议的是，她既有男人的智力，又有女人的敏感。"

波伏娃后来也同样说过："我和萨特的关系是我一

困惑的探索者　萨特

→西蒙娜·德·波伏娃

生中不容置疑的巨大成就，三十多年来，我们只有一次在就寝时是不和谐的。"

他们的恋爱的确是谈出来的，是思想上的共振，以及感觉上的共鸣。

萨特从10岁起就写了故事、诗歌、随笔、警句、双关语、民谣和一部小说。他一直对他遇到的姑娘们说，她们也应该写作。他说一个人只有创作虚构出来的作品，才能避开生活中的遭遇。而且他绝不想成为一个有妻室的人，他决不结婚，决不会过安定的生活，决不会用财产填塞他的一生。他只想周游世界，积累对他的写作有好处的种种阅历。

西蒙娜在理论上也喜欢过冒险生活、耗费精力和一切过激行为。对她来说，大学毕业就意味着自由，从家庭中走出。但她从未想到她是一个天生的作家。18岁时，她写了一部小说的开头几页。小说写的是一个18岁少女终日关心的事情是保护自己免遭他人纠缠。

西蒙娜开始喜欢上萨特了。原因是萨特在一直不停地思考，从不把一切事情视为理所当然。他还告诉她，她应该坚持她个人的自由，应该保持好奇、坦率、真诚，做些与写作有关的事。萨特只比她大两岁半，但他的老练成熟却给她留下了深刻的印象。他和她追

← 萨特与夫人

求同样的目标——写作，而且⑪还赞美了她的容貌。

可是，西蒙娜毕竟是一个女性，她认识到，对一个姑娘和她受的教育来说，婚姻是不可避免的。也就是说，一个女人应该结婚。但萨特却绝对讨厌婚姻生活。

当他们的恋爱在进入实质阶段时，萨特喜欢对西蒙娜说："我们的结合是一种本质上的爱。"这意味着，他们都可以体验偶然的风流韵事。他同时也告诉她，他们的关系会持续不衰，她也感觉到了这一点，但是仍不能取代和其他人的短暂约会。

他们两人已充分认识到，他们是属于一类人，当然，问题在于如何避免与他人短暂风流后的懊悔和嫉妒之类的情感。

萨特比波伏娃大近3岁，生于1905年6月21日。他很小就显示出不同凡响的天才。4岁就能读书。6岁时就读高乃依、伏尔泰、雨果的作品，甚至还读很艰深的《包法利夫人》。5岁时就戴上了近视眼镜。10岁开始写作。19岁时考入巴黎大学师范学院，主修哲学。

他第一次参加教师资格考试未能通过，翌年（1929年）他准备再度应试。而就在他真正地死记硬背、准备上考场时，马欧带来了一位对莱布尼兹哲学了如指掌的姑娘，西蒙娜·德·波伏娃，她也是巴黎大学师范学院的学生。

萨特永远忘不了他与西蒙娜初次见面的这一天，这天是星期一，复活节假日之后的第一天。

接下来，萨特通过了这项竞争激烈的考试并名列榜首。此后，他先在中学教书，后去大学任教。可以说他在成功之路上一帆风顺。直到1944年，他在巴黎与教学最后告别，开始了他名扬全球的时期。

萨特于1931年服完兵役后，即受聘在勒阿弗尔当了教师。西蒙娜那时在马赛的一家公立女子中学任教。

困惑的探索者　**萨特**

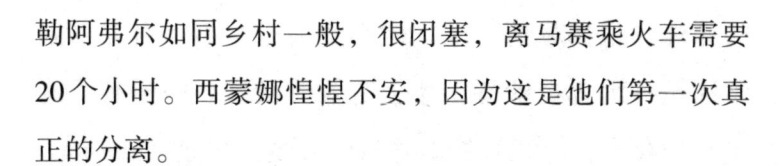

勒阿弗尔如同乡村一般，很闭塞，离马赛乘火车需要20个小时。西蒙娜惶惶不安，因为这是他们第一次真正的分离。

萨特建议结婚，但他明确指出，婚姻的俗套将不会影响他们的生活方式。他们一致认为，表现得和他们的信念一致是合乎道德的，并认为独身状态理所当然。他们两人都感到只要二人永远相爱并生活在一起就够了，这就是婚姻的本质，而无须去办理什么手续。同时双方都保留一个空间，只能使双方的感情更加深入。的确，他们的恋情越来越深入，变得更为相互需要，他们决定彼此决不分手。他们考虑的只是短暂的分别，而不是非常孤独的逃避。西蒙娜写道："我们不发誓永远忠诚，但我们的确同意延迟任何分手的可能性，直到我们相识三四十年的永远的年代。"在肉欲与爱情的多元化伴侣之选择中，他们并没有因为美丽的邂逅而迷失自己，同样将各自放在掌心中紧紧相握，传递着彼此的温暖，他们是真正意义上的知心爱人。所以，才演出了一幕超乎世俗的精彩人生。正是靠着彼此永恒的激励与支持，使他们都成为彼此作品的第一阅读人。更重要的是，他们坦诚地吐露、赤裸地面对，他们相守了一辈子却并无一纸契约的羁绊。正是由于各自的自由生活，给他们的爱情涂抹了一道眩晕

的光环。他们尽情享乐，但都不会忘了给予对方以温柔体贴，因为有萨特，才会造就波伏娃。同样有了波伏娃的存在，才能衬托出萨特的分量。要是换成别人，肯定又是另一个落俗的普通故事。否则便会陷入你不是你、我不是我的乏味常局。

西蒙的智慧应是她战胜萨特身边众多女人的法宝。一个有着男人智慧的女人，又集女人的敏感于一身的奇女子，凭着她的博学、勤奋和坚定不渝的追求，终究打造出一个名扬天下耐人寻味的法国女人。当然，他与她的赤裸对话，并非源于各自的忠诚，这或许是法兰西民族的天性使然。这种独特的民族本性，在我们东方人眼里真有些不可思议，因为我们灌输的是爱一个人好难，何况他们能在彼此的相爱之中，互相激励成为一代大师级名人而熠熠生辉。

高师毕业后，经过18个月的服役生活，萨特于1931年来到法国西部港口城市勒阿弗尔中学任哲学教师，正式开创自己新的哲学道路。

学说与错觉

我思，故我在。
——笛卡儿

长期以来，萨特就企图建立一种既不是唯心主义也不是唯物主义的现实主义的哲学体系向传统的理性主义的权威哲学挑战。1933年，经高师的同学雷蒙·阿隆的介绍，萨特知道了胡塞尔的现象学。

爱德蒙特·胡塞尔（1859—1938）是犹太血统的德国哲学家。大约在20世纪初，胡塞尔为把哲学建成一门"严密的科学"，提出了"现象学还原"的方法。这种方法要求把一切预先的假设存而不论，从感觉经验转向意识领域，转向呈现在意识之中的

→ 胡塞尔

"现象",通过"直觉",通过意识的意向性分析,就能从现象之中把握事物的本质,并且追溯到世界的本原。胡塞尔认为,世界的根本正是"先验意识",我们生活在其中的这个世界实际上是由先验意识所"构造"的,是由人赋予意义和价值的。无疑,他把哲学引向以人的主观意识为本原的唯心主义方向,但在萨特看来,这为自己提供了一种现实主义的理论方法。

波伏瓦在《年华的力量》一书中曾生动地描述了萨特接触到现象学时欣喜若狂的情景:"……他(阿隆)对萨特谈到了胡塞尔的现象学。我们一起在蒙巴纳斯煤气灯咖啡馆度过一个晚上……阿隆指着他的鸡尾酒杯说:'你看,我的伙计!如果你是现象学者,你就能谈论这个酒杯,而这就是哲学!'萨特激动得脸都发白了,或者说几乎全白了:这正是萨特多年所希望的,谈论他所接触到的东西,而这就是哲学……"

与阿隆相会后不久,萨特就买到了一本法国哲学家勒维纳的《胡塞尔的现象学中的直观论》一书,而且刚拿到手就站立街头,如饥似渴地阅读起来。现象学使萨特着了迷,同时勒维纳的转述又不能使他完全满意。萨特决定去德国,对胡塞尔的现象学做一番认真、透彻的研究。他写信给在柏林的雷蒙·阿隆,请求帮助联系求学事宜。不久收到了回信,他的申请被柏林的法兰西学院接受了。1933年9月，萨特怀着从现象学出发创立自己哲学新体系的雄心奔赴德国。

当萨特来到柏林时，胡塞尔已从弗赖堡大学退休，把教职移交给他的高足和继承人——马丁·海德格尔。海德格尔对萨特的思想产生了更为直接的影响。这位哲学家第一次将胡塞尔的现象学与克尔凯郭尔的理论融为一体，并在此基础上，建立了自己颇具特色的现象学——存在主义思想体系。在《存在与时间》一书中，海德格尔指出自古希腊以来，哲学家们一直在讨

→晚年胡塞尔

论"存在"的问题，但至今没有得到解决。按海德格尔的解释，"在"意即呈现、显现、表现，而呈现不是一种现成的结果，而是一个活动、变化、生成的过程，而这个活动变化的过程只有从个人自身之中才能找到，通过对人的各种如何"存在"的方式的分析，才可以解决"存在究竟如何'在'"这个问题。海德格尔的意思是：世界上万事万物之所以存在，要从个人之所以存在中去寻找；而个人之所以存在是通过个人的内心体验，个人的各种意识状态去领悟到的，因此世界万物之所以存在也是通过个人的各种心理意识活动才能领悟到的。个人的存在是万物的存在之本。

海德格尔这种理论的唯心主义性质是十分明显的。它得到了处在危机之中的西方社会的许多思想家们的赞赏，也得到了正在探求世界、人生各种问题的萨特的共鸣。

在柏林求学期间，萨特充分利用法兰西学院提供的有利条件，致力于学术研究。他接受了海德堡的现象学家卡尔·雅斯贝尔斯的观点：人类的存在，实质上是他当下的现状与他企图超越这种现状的欲望之间的一场冲突。另外，萨特还认真研究了黑格尔，特别是克尔凯郭尔的学说。克尔凯郭尔主张个人高于一切，主张个人的不可替代性和孤独性；强调存在对本质的

困惑的探索者　萨特

→海德格尔

思想家卷　023

优先地位，强调真理的主观性；声称人只有处在极端孤独、恐惧、绝望、空虚的时候，才能认识到自己的存在，认识到上帝的存在。这种主观唯心主义和非理性主义同样深刻地影响了萨特。

萨特以为从这些思想家的学说中，找到了从人的内部世界，即从人的意识出发去研究人，研究人的存在，研究世界的方法。人的主观意识的存在应当是一切存在的根本，这就是萨特这一时期哲学、文学创作的出发点。

1931年，当萨特在勒阿弗尔中学任教时，就开始撰写一本论偶然性的小册子。长期以来，偶然性这个概念深深地打动着他的心灵，一直在他头脑里盘旋。他认为，每一个个人的生活都是偶然的，既不能知道它的原因，也不能预见它的结果。开始时他采取了由一个名叫安东尼·洛根丁的学者讲述他的冗长而抽象的沉思这种体裁。后来，他采纳了波伏瓦的意见，改成日记体的哲学小说。在研究了胡塞尔、海德格尔、克尔凯郭尔等人的学说后，他又重新思考和写作这本小说。1936年，萨特又对小说进行了第三次修改，并且取名为《忧郁》，由高师时期的学友尼赞交给伽利玛出版社，但被退稿。后来，出版社又同意出版，但要萨特进行删改，并将小说取名为《恶心》。几经周折，

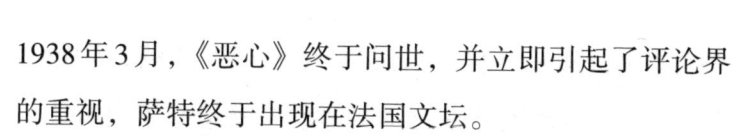

1938年3月，《恶心》终于问世，并立即引起了评论界的重视，萨特终于出现在法国文坛。

这部日记体小说的主人公是一个名叫安东尼·洛根丁的知识分子。他是个历史学者，在希维勒城写作一个18世纪的冒险家洛勒邦侯爵的传记。全书并没有什么动人的或离奇曲折的故事情节，而是细致地描述了主人公在街道、公园、酒店、咖啡馆漫无目的地闲荡时，在他研究写作历史人物时，以及与女人相会、分手时所产生的种种孤独的、怪异的、病态的乃至荒诞的心理意识。正是在这种描绘中，萨特阐述了他的哲学观念。

萨特把偶然性这一范畴看作理解宇宙万物的关键。"存在不是必然存在，只不过是在这里；存在物出现了，让人遇见了，可是我们永远不能把它们推论出来。一切都是没有根据的，不论公园还是城市，人作为一种自然物体的存在，同样也是偶然的。我是偶然出现的，我的存在像一块石头、一株植物、一个细菌一样。"萨特的成名作是1938年出版的长篇小说《恶心》，这一部带有自传性质的日记体小说，通过中心人物罗康丹对世界和人生的看法，充分表达了作者的哲学观念——存在主义。它的特征是以"自我"为中心，认为人是其存在先于本质的一种生物，人的一切不是

预先规范好的,而是在日常行动中才形成的,萨特有句名言:"行动吧,在行动的过程中就形成了自身,人是自己行动的结果,此外什么都不是。"存在主义文学作为萨特存在主义哲学的一种体现形式,具有它鲜明的特征,这些特征的核心是"真实感",即提倡文学作品要如实地、赤裸裸地,一览无余地把世界和人类表现出来,绝对不应该把作品中的人物典型化、集中化,不应该要求他们比现实世界中的人物来得更美或更丑。在艺术技巧上,萨特喜爱自然主义地渲染人的卑下情感和事物的丑恶细节,经常用大段的"意识流"打断或代替故事的叙述,结构比较松散。萨特是当代法国哲学界、文学界的首要人物,他以他的存在主义哲学思想,影响了法国以至全世界整整两代文学家和思想家。在萨特看来,把世界看作是受一种必然性支配的存在,因而是能用理性进行解释、推论的观点,是不能够看清世界的真相的。一切存在物都是偶然的,人生也是偶然的,无谓的,没有根据的,这才是世界的本来面目。当意识到这一点时,你的心里就会翻腾起来,就会飘荡起来,你就想呕吐,这就是"恶心"的意义。萨特在《恶心》中细腻地描写了主人公的感受:面对着瞬息万变的周围世界,"我"一方面想把它当作工具或材料或玩偶来为我自己的存在服务;另一方面

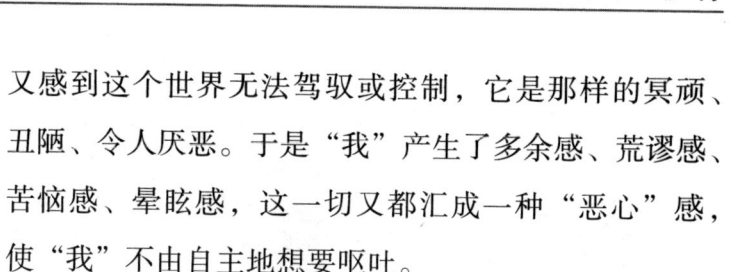

又感到这个世界无法驾驭或控制，它是那样的冥顽、丑陋、令人厌恶。于是"我"产生了多余感、荒谬感、苦恼感、晕眩感，这一切又都汇成一种"恶心"感，使"我"不由自主地想要呕吐。

在《恶心》中，主人公经过一番精神的历程，不仅意识到世界是偶然的，而且意识到过去是已经消逝了的，现在与过去没有关联，因此，"我"对未来能够自由地作出选择。正是在这个意义上，萨特认为人是自由的。

萨特在《恶心》中所表达的世界观无疑是唯心主义的。他把资本主义世界没落时期的特征和资本主义社会本身包含的荒诞、矛盾、危机及其种种丑恶，当成普遍的"人类特征"，把"恶心"这种历史地出现的现象理解为一种亘古不变的形而上学范畴，进而又形而上学化地对"个人"及其自由加以无限夸大，把它们说成是脱离社会、历史和他人的绝对物，这自然是极为偏颇的。

但是，萨特笔下的洛根丁，连同他对现实的恶心感，对客观世界的不可知感，对环境的无以名状的恐惧感、迷惘感，却正是二战前夜欧洲小资产阶级知识分子彷徨无主的独特心理状况的真实写照。萨特本人也是处在这样一种精神状态下的。

← 萨特

1933—1934年，萨特在柏林潜心研究现象学的同时，纳粹分子在德国取得政权，横行无忌。他们不仅粗暴地迫害犹太学者和艺术家，查抄他们的财产，将他们驱逐出境，而且逮捕了德国共产党领袖台尔曼，以及共产国际执行委员会主席季米特洛夫。这一切不能不对萨特产生影响：他结识了一些德国人，其中有一些是为躲避纳粹分子而转入地下的共产党人。萨特同情他们，并为他们的处境而深深担忧。

然而，这里仅仅是同情，萨特还是置身局外，他并没有做出任何一项重要行动以证明自己是纳粹分子的敌人。他或者去听共产党人尼赞的讲演，或者去听别的社会党人的说辞，但却从不发表自己的政治见解，其实他当时也没有什么明确的政治见解。他常常站在路边看着游行队伍从身边走过，其中有不少人是他的同学和朋友，而他却无动于衷。偶尔心血来潮，他也会和大家一起转过几条街道，但却既不唱歌也不喊一句政治口号。他从不参加选举投票，而且把别人的政治传单讽刺为"毫无意义的宣传品"。

1934年10月，萨特从柏林回国，继续在勒阿弗尔任教，后来又到法国东北部的拉昂和巴斯德中学执教。萨特除了教书，就忙于阅读、思考和写作，对政治根本没有热情，他认为他的存在与国家、社会没有什么关系，他并没有欠社会什么东西，而社会也并不是非有他不可，自己是一个个人，一个孤独的人。萨特不认为自己对社会担负着什么责任，也不打算为它做出什么实际贡献，自己唯一应该做的，也是唯一有意义的工作就是写作。在他眼里，写作绝不是一项社会活动，而只是他个人的自由创造。

波伏娃日后反省道："我们相信，我们彻底抓住了现实……然而，我们的生活，像所有小资产阶级知识分子一样，事实上，主要的特征就是缺乏现实性。……像每一个资产者那样，我们不必为生活必需品而发愁；像每个公务员那样，我们不会遇到任何危险。此外，我们没有孩子，没有家庭，没有责任：我们像是两个精灵。在我们做的工作（整个说来，它是愉快的，一点也不使人感到疲劳）和得到的报酬之间并无可以讲得通的联系……事实上，像田野里的百合花一样，我们盛开着，环境养育了我们的错觉。"当然，萨特童年生活的影响也是其中一个因素。

直到1939年9月，纳粹德国入侵波兰，英法两国同时向德国宣战，历时5年之久的第二次世界大战爆发，萨特被征入伍，被裹挟进战争中去，这位共和国里的自由分子才开始根本改变自己的政治态度，连同其哲学、文学观点。

行动起来

> 人只是在企图成为什么时才取得存在。
> ——萨特

1939年，战争的风云愈来愈烈。3月15日，德国撕毁慕尼黑条约，进军布拉格。4月6日，意大利入侵阿尔巴尼亚。6月30日，法国、英国、土耳其签署互助条约。法国人民开始焦躁不安，不知战争的火焰何时会蔓延到自己身上。

然而，儒昂·莱·朋海滨浴场仍然幽静、雅洁，几幢豪华别墅里充满了欢声笑语。住在这里的莫莱尔太太一家还对和平与文明保持着信心。作为主人多年的老友，萨特和波伏娃也应邀来这里度假。波伏娃是个天生的乐天派，她认为战争不会波及法国，因为假如苏联与英、法站在一起，希特勒就会有所顾忌；而如果他一定要挑起战争，那么俄国和西方军事力量的联合就可以把他打败。萨特也不愿看到法国像第一次世界大战那样再流一次血，但他确实感觉到国际形势

← 萨特夫妇

的发展趋向非常不妙。不管怎样，和波伏娃一样，他也不打算让时局对自己的生活有太大的影响。

　　清晨，海滨公园内，松柏参天，树叶繁茂，蓝天碧海美得让人心醉。一把撑洋伞下，萨特在专心致志地写作，波伏娃捧着一本书在吟读。偶尔，两个人的头凑到了一起，许许多多关于未来的计划在酝酿着。一直到下午2点，烈日有些毒辣了，他们才返回宽敞的别墅，在百叶窗紧闭的饭厅里用午餐。黄昏，人们会再次来到海滩，跑步、游泳、开怀大笑。

　　7月飞逝而过。随着8月的来临，消息越来越令人

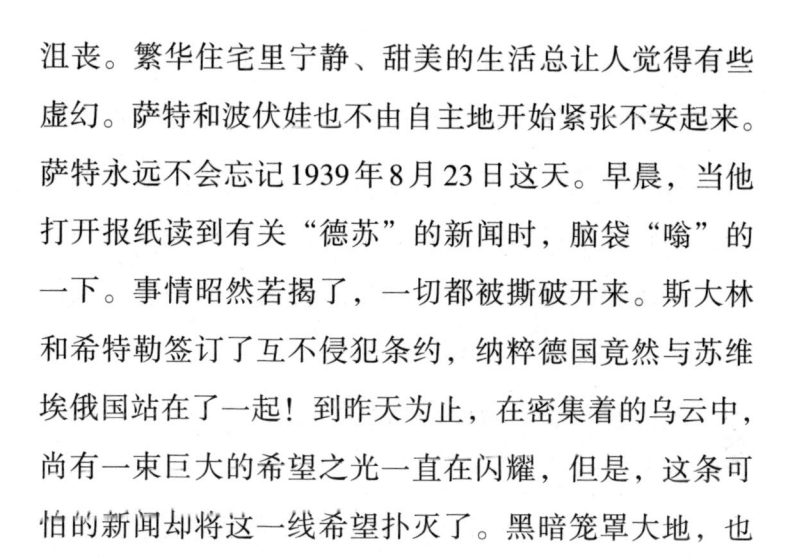

沮丧。繁华住宅里宁静、甜美的生活总让人觉得有些虚幻。萨特和波伏娃也不由自主地开始紧张不安起来。萨特永远不会忘记1939年8月23日这天。早晨，当他打开报纸读到有关"德苏"的新闻时，脑袋"嗡"的一下。事情昭然若揭了，一切都被撕破开来。斯大林和希特勒签订了互不侵犯条约，纳粹德国竟然与苏维埃俄国站在了一起！到昨天为止，在密集着的乌云中，尚有一束巨大的希望之光一直在闪耀，但是，这条可怕的新闻却将这一线希望扑灭了。黑暗笼罩大地，也渗进了萨特的骨髓深处。

萨特和波伏娃准备正视眼前的不幸。时日已经不多了，如果发布全国总动员令的话，萨特就得再次应征入伍，他们必须尽快返回巴黎。与莫莱尔太太及其他朋友告别后，带着一阵阵离别的悲伤，萨特和波伏娃踏上了归途，何时能再会？在再次相会之前又会发生什么事呢？归途中的萨特和波伏娃忧心忡忡，而一路上的所见所闻更加剧了他俩的惊恐。每个车站都人山人海，每辆车都严重超载，许多车厢里挤满了年轻人——他们即将被送往马其诺防线去送死。此时的巴黎一空如洗，街道寂静得让人恐惧。政治气氛已经紧张起来，共产党的报纸被查封，市民们只能悄悄地议论着企图将法国出卖给纳粹分子的"第五纵队"。法国产生了分裂，右派和一部分左派指责政府：既然有妥协的可能，为什么仍将法国推向战争？左派谴责人民阵线忽视重整军备而进行社会改革，削弱了法国的势力。尽管战争已迫在眉睫，不少人还在期待着出现任何一种缓和的可能，报纸一出版便被抢购一空，人们企望在上面找到一点和缓的预示。

天不如人愿，局势仍然急转直下。9月1日，希特勒悍然入侵波兰。

9月2日凌晨1时，法英正式宣布战争已经开始。正午时分，法国部长会议发布总动员令，宣布德国和

阿尔及利亚戒严，征兵应战马上开始。萨特被要求在24小时内到南锡港报到。匆匆地跟母亲和继父告别后，萨特在波伏娃的陪同下，坐出租车来到火车站。

萨特、波伏娃和许多巴黎人坐在火车站的露天咖啡馆内，等候着即将把其中的年轻男子拉走的列车。这是正常生活的最后瞬间了，看出波伏娃掩饰在平静外表下的惊恐，萨特不停地说着宽慰的话。他说一切都用不着担心，首先他将很快返回，因为战争肯定不会持久。德国现在缺乏食品、钢铁、汽油，德国人民已经开始使用配给卡，他们承受不了一场太长的战争，德意志帝国必将崩溃瓦解。其次，自己只会被留在机场或其他什么场所的后部，不会被派往前沿阵地，因而危险不大。萨特还在絮絮叨叨，人们已经开始缓缓地走向已经进站的火车。接着，人们拥到每扇窗前，向亲人道最后一声别，做最后一个手势。一根铁链挡住了月台，隔开了即将成为军人的男子和为他们送行的老百姓。时光无情地流逝，火车由慢而快地开走了，波伏娃眼中的萨特越来越小。从此，萨特不再是一个可寄厚望的文坛新人，而只是众多任外国人摆布的士兵中的一个无名小卒。

次日，萨特到达南锡港，被编入埃塞莱南锡71师，这次他又被分到一个气象站。萨特毫不抱怨地接

受了忍痛入伍的要求，甚至很少流露出任何痛苦的表情，但没有人知道，近一个月来所发生的一切对他触动太大了，尤其是从昨天到今天这么短的时间内，他便置身于两个完全不同的世界里，不久前他还在高谈自由、拯救、创举，而现在他已不属于他自己。后来萨特曾多次谈到，直到这次征兵，他才真正体会到"社会"这一概念意味着什么。

"我跟那些素不相识，像我一样被征入伍的人们混在一起。这一下，'社会'这一概念算是进入了我的头脑。我突然明白，自己是一个社会动物：从原先所在的地方，在亲友熟人之间，被强行拉走，火车把我送到我并不想去的地方；同行的伙伴也并不比我更愿意去，他们也跟我一样是老百姓，在纳闷着怎么会落到这步田地？我看到他们尽管千差万别，都有一个共同的维度——这也是我的维度。他们不再是我几个月以前在我的中学里碰到的简单的人，那时候他们和我都没有想到我们是有社会性的个人，在这以前我认为自己是至高无上的，只有通过应征令对我自身自由的否定，我才意识到世界的重量以及我与所有别的人以及所有别的人和我的联系的分量。"

在毫无预料的状况下，萨特迎来了他生命中最重要的一个转折点。萨特的工作很清闲，也很无聊：每

天把气球升上天，然后通过一副视野望远镜去观察它们，最后打电话给火炮连的指挥官，告知当天的风向。其余的时间他全部用来写作他早就想写的长篇小说《自由之路》。在这部书中，萨特想通过他所描述的不同人物的自由观，从而明确地表达出自己所追求的那个真正的自由观。他废寝忘食地写满了5册笔记本，然后又重读、修改。而在给波伏娃的信中，他总是念念不忘他这部小说的写作进展情况。由于工作强度太大，加上战地的伙食很差，本来就瘦小的萨特很快虚弱了下来。好在，没有任何人干扰、阻止萨特的写作。一次，一个严厉的刚毕业于军官学校的上尉来这里作一次巡回检查，看到面色不太好，且蓄着一腮又短又硬的吓人的胡子的萨特，便向别人问道：

"这个家伙看上去好像快要病倒的样子，不知他在干什么？"

"一种人类的工作，上尉。"

"什么样的人类工作？"

"写作，上尉。"

"小说？"

"是的。"

"什么样的小说？"

"这需稍费点时间才能解释。"

"那可是一本女人欺骗丈夫,丈夫当乌龟的书?"

"是的。"

"太好了,你运气好,写了这样的书。"

这个插曲使萨特感到如此好笑,高兴之余,当晚,他替每个人买了份新鲜的面包。

这是一场人类历史上少见的真正的滑稽战争,百无聊赖已经成为"前线"200多万士兵的一个大问题。人们至此还不相信战争真的开始了,希特勒在打了一连串胜仗之后,又发动了和平攻势。波兰战败了,捷克斯洛伐克被征服了,他的野心也该满足了吧?何况还有固若金汤的马其诺防线呢?人们总是不自觉地往好的方面去设想。国内政局仍然一片混乱,无人考虑真正防御德军可能的进犯。而在前线,德国士兵通过扩音器和大标语进行宣传,于是法国仿佛决意进行"假战争"——9个师草草敷衍地对萨尔地区发起"攻势"后,西面前沿阵地便是一片平静。"不要射击,只要你不动手,我们决不动手。"一些法国军队甚至用"OK"手势一厢情愿地向德国士兵挥舞。"你越接近前线,你就越捉摸不透战争已变成怎么回事了。"当波伏娃来到营地探望萨特时,她发出了如此感叹。

这究竟是一场外交战争,还是一场真正的残酷战争?现实很快残酷地粉碎了法国人关于和平的残梦。

困惑的探索者　萨特

1939年9月2日，英法对德宣战，同一天萨特接到了应征令，不得不到南锡兵营报到。从这一天起，他的生活发生了巨大的、根本性的变化。"在这以前，我以为自己是至高无上的，只有等到我通过应征令遇到对我自身的自由的否定，我才意识到世界的重量以及我与所有别的人和所有别的人与我的联系的重量。"

在军队里，他没有放松读书和写作，每天记日记并写下大量的读书笔记，这为后来《存在与虚无》一书的完成做了充分的材料准备。这一时期的日记在40年后的1983年4月由伽利玛出版社以《怪诞战争日记》为名出版。

战争没有像萨特预料的那样很快结束。1940年5月，德国进攻法国，当时号称世界第二强国的法兰西竟不堪打击，一触即溃。6月21日，正值35岁生日之际，萨特在洛林地区，与马其诺防线的守军一起投降，糊里糊涂地做了德国人的俘虏。他被关押在欧洲水晶之都巴卡拉，后又转入德军特莱弗D12集中营。

集中营里的生活给萨特留下了不可磨灭的记忆。萨特同囚犯们在极恶劣的条件下群居，从中获取了难得的生命体验，他有时甚至觉得这种遭遇的获得是一种幸福，因为他体验到了个人在集团中的特殊情感。在集中营里，他与随营的忏悔神父们建立了良好的关系，甚至还向他们宣讲海德格尔的哲学，又与难友们一起排演他创作的剧本《巴利奥娜，雷神之子》，并在其中担任角色。这部戏剧的情节是虚构的基督诞生的故事，但是透过其神秘的宗教外衣，人们可以领会到，它是在号召人们团结起来进行抵抗。

即使在集中营残酷而单调的生活中，萨特也没有停止他的哲学思考，他还跟几个喜欢哲学的狱友成为好朋友。就是在这一时期，萨特构思了他一生中最伟大的作品《存在与虚无》的雏形。

由于当时德国已经完全控制了法国，因此德军对法国战俘并不是很严酷，在集中营生活了9个月之后，萨特凭借一张假的医疗证明获释，回到巴黎。

回到巴黎后不久，法国伽里玛出版社通知萨特，

← 海德格尔之墓

他们愿意出版一部萨特的哲学著作,由于已经有了长期的准备,只用了不到两年时间,长达700多页的哲学巨著《存在与虚无》便问世了。

这本书的出版标志着法国开创了全新的哲学体系。同时由于该书出版的历史背景,它也被称作"反对附敌的哲学宣言"。在集中营里,萨特一方面感到自己是属于一群人的,他人对"我"来讲是不可缺少的,犯人间的关系是平等的,无所掩饰的。但另一方面,他更多的是体验到一种在别人目光威逼下的痛苦,一种群居中的孤独,体验到一种人与人之间的某种不可摆脱的对立和冲突。1968年,萨特在一次谈话中曾这样说过:"如果我总是把存在主义的某些面貌悲剧化,那是因为我忘不了在集中营中经历过的感情:那时我经常地、赤裸裸地在别人的目光中生活,而地狱就自然而然地建立起来了。"萨特哲学中有关"他人"的思想,就是与他在集中营里的这种体验密不可分的,经过他的理论分析而成为他的存在主义哲学中的一个十分重要的概念。

1941年3月底,萨特在集中营度过9个月后,伪造证明而得以获释。回到法国以后,他热情地投入了抵抗运动,与梅洛—庞蒂、波伏娃等人一起组织成立反战组织"社会主义和自由"。这个组织以左翼知识分子

为主，目的是集合反纳粹力量为建立一个新的民主政体而做准备。"社会主义与自由"这个名称沿用的是萨特的术语，在他看来，自由是个人的意识，而社会结构使每个人能行使自由的权利。关于这个团体的宗旨，波伏娃写道："在民主制度胜利的时候，对左派来说，重要的是应该有一个新的纲领。我们的工作就是要通

←梅洛·庞蒂

过联合我们的思想和探索，使这个纲领变为现实。"他们打算收集情报，散发传单和宣传品，以打击纳粹德国，宣传自己的政治主张。为此，萨特和波伏瓦还趁暑假，骑着自行车四处奔波，在知识分子中间游说、动员，特地拜访了当时著名的知识分子领袖纪德、马尔罗等人，但未能获得积极的支持。同时，他们与法共的接触也失败了，法共不信任这个知识分子的政治团体，同样不愿意与他们合作，甚至怀疑萨特是德国人的奸细。考虑到当时的处境，也为了避免不必要的牺牲，当年10月，这个组织没有任何成果就悄悄地解散了。

在法国被占领期间，萨特最有力、也是唯一产生实际成效的抵抗形式就是写作。1943年初，他参加了全国阵线的一个外围组织——全国作家委员会（CNE），并开始给法共领导下的地下刊物《法兰西文学报》撰稿。1943年4月，萨特出版了他根据古希腊悲剧改编的现代剧《苍蝇》。这部作品是萨特在为他们创建的"社会主义和自由"到处奔走的时刻，在观看一出古典希腊悲剧演出的启迪下酝酿成熟的。

根据希腊神话，俄瑞斯忒斯是迈锡尼国王的儿子，父亲被母亲的情夫杀害，他长大后为父报仇，杀死了其母及其情夫。杀母为当时的伦理所不容，但他在雅

典娜的帮助下逃脱了复仇女神的惩罚。但是萨特的《苍蝇》一剧却有一个完全不同的结局。因为在《苍蝇》里，没有什么神可以把俄瑞斯忒斯解救出来。他必须自己承担那项"罪恶"，而萨特就让戏剧的主人公拒绝向神祇妥协而坚持自己的选择。俄瑞斯忒斯对全能的神说："你是诸神之王，朱庇特，你是岩石、群星之王，你是大海波涛之王，但你不是人间之王。因为我是一个人，朱庇特，每个人都应该开创自己的路。自然是怕人的，你，你，诸神之王，人类也使你害怕。"

这个戏剧显然是借古喻今。当贝当政府要法国人民表示悔过，并俯首帖耳地接受"新秩序"时，萨特却通过自己的作品发出号召，要法国人民摆脱战败后悔恨交加的精神状态，全力以赴地奋起反抗德国法西斯的暴政。后果不难想象：一方面，纳粹当局以强硬的手段禁止它的演出；另一方面，它的影响广泛传播，不仅极大地鼓舞了艰苦斗争中的法国人民，而且为萨特带来了巨大的声誉。

同年10月，萨特的哲学巨著《存在与虚无》出版发行。这部著作标志着萨特无神论存在主义哲学体系的形成。

这部著作对意识的结构所做的分析超出了现象学，

但仍然保留了海德格尔的一个基本思想：人只有通过反省自己的主观意识才能领悟个人的存在，并进而揭示世界万物的存在。萨特将这一命题同自己关于个人自由问题的思考结合起来，提出了他的"绝对自由说"。萨特认为：自由不是人的某种性质，而就是人的存在本身；人必须自由地为自己做出一系列选择，正是在自由选择的过程中，人赋予对象以意义，同时造就自身；人必须为自己的所有选择负全部责任而不能有任何推诿。

在萨特的全部哲学体系中，正是个人"自由""选择""责任"这部分学说获得了最广泛的传播，产生了最大的社会影响。虽说萨特哲学是一种彻底的唯心主义，但这是一种入世的哲学，至少可以使"顽夫廉、懦夫有立志"，有其积极意义。该书另有"他人"学说：每个人都想保持自己的主体性，同时又把对方当作客体，这样我就不能不粗暴地剥夺了他人的主观性或主体性，把一个活生生的人变为一个消极被动的物，因而人与人的关系不能不表现为一种矛盾、冲突乃至敌对状态。这无疑把自己在集中营时的体验绝对化了，虽然也有几分真实性，却是过于敏感以至于不无病态了。

第三条道路

> 问题不在于选择时代,而是在时代中自我选择。
>
> ——萨特

1943年,流亡伦敦的法国将军戴高乐发起和组织了法国统一的抵抗运动——全国抵抗阵线。为了民族大义,法国共产党及其他左翼政党和组织捐弃前嫌,积极参加到这一运动中去,打击共同的敌人纳粹德国以及法国右翼大资产阶级的代表维希卖国政权。

1944年,巴黎解放了。它标志着法国历史上一个新时期的开始。战争的创伤需要医治,一种新的社会秩序亟待建立。各派政治力量都以不同的方式明确提出了自己的政治主张。

资产阶级中的中间偏右分子成了戴高乐的主要支持者。他们把这位佩戴金星的将军、这位战争中的幸运儿看作是法律和秩序的唯一拯救者,期待着他去解除共产党人及其支持者的武装,并带领法国重新走上战前的政治道路。而共产党人和其他左翼组织则提出了相反的要求。在4年的抵抗战争中，是共产党人进行了最艰苦的战斗，承担了最沉重的压力，付出了巨大的牺牲，他们当然不能容忍再套上旧秩序这副沉重的枷锁；100万左翼游击战士同样不答应旧秩序的复辟。1945年初，上述两股左翼力量内部却产生了分歧并表面化了：一部分领导人打算实行共产党和社会党的联合以组成统一的法国劳动党；另一部分则竭力要把戴高乐拉到自己一边，从而建立一个中间偏左政权。

不论各派政治力量分歧如何，法国的政治生活呈现了普遍"左"倾化的趋向，已不可能再回到战前的老路上去了。事实上，战后10多年，法国政局一直处于动荡不定的局面。

萨特和他的知识分子同伴们也一直关注着法国的将来。他们都认为法国决不应该回到1939年前的老路上去，同时他们也深深地为一种忧虑所困扰。他们担心明天的世界将被美国和苏联两强控制，欧洲的文化传统和文明精神会被一些外来物所摧毁和取代。他们感到再也不能用那些迂腐陈旧而又为自己所衷心喜爱的梦想去顽固抵抗新思潮、新观念的出现，应重新认识共产主义运动。在他们当中，没有谁愿意放弃自己的独立性，去听从法共的指令，但他们又不能不承认这样一个现实：在战后的法国，没有共产党的参加，

←萨特

新的政治秩序是不可想象的。他们不能回避这个问题：是像战前一样避开政治生活，还是在需要的时候参加共产党？

　　萨特决定介入现实政治。在政治方向上，他继续推行"社会主义与自由"运动的纲领，试图走出独立于美国和苏联的"第三条道路"。

　　在巴黎尚未解放时，萨特、波伏娃和几位同道就在伽利玛出版社赞同之下，开始筹办一份新的期刊。

1945年10月，这份刊物以《现代》为名正式问世。萨特作为主编在创刊号上发表导论，声称该刊将对政治和社会事件发表评论，但决不从属于任何党派。实际上，《现代》期刊正是在宣传他们关于"第三条道路"的政治主张，并成为存在主义者的重要论坛。

随着《现代》期刊的创建，存在主义在法国成为时尚，成为西方各种刊物的热门题目，成为各种聚会、夜总会、咖啡馆里人们争辩、讨论的中心话题，甚至成为青年们时髦的标志，被用于塑造某种服饰。还由于战争中出版的杰出著作，萨特成为西方举世瞩目的人物，许多到法国旅游的客人都要到巴黎存在主义者经常聚会的咖啡馆去，以期见到存在主义大师。这一年，存在主义在法国的影响趋于顶峰，成为思想界占统治地位的流派。

大战结束后，自从纪德等一批人赴苏考察访问后，萨特等知识分子与法共的关系有了很大变化。从苏联带来的消息最多的是关于集中营的情况，这在法国知识界引起很大震动，相当多的知识分子开始向"右"转。

1946年，萨特在《现代》期刊上发表了《唯物主义与革命》一文，开始了他和法共漫长的论争。这篇探讨马克思主义的长篇论文受到了法共《人道报》的

批判，使他和共产党的关系一度紧张起来。萨特这期间的态度是矛盾的：一方面他从理论上、愿望上，希望苏联成为他追求的光明所在，但另一方面却在感情上难以接受集中营、清洗等"非人暴行"的现实。

萨特在《现代》杂志的轶事

脑袋胀得像南瓜

有5年时间，直到波拿巴路那次炸弹案为止，萨特和杂志社的成员两周一次在星期日17:30分聚集开会。萨特、杂志的9位编委等人在曼西太太公寓所在的五层楼上往下看是圣日耳曼广场和雷恩路的远景。萨特在办公桌前跟杂志社的人面对面。西蒙娜·德·波伏瓦、梅洛—庞蒂、朗兹曼、贝佐、高兹、柯莱特·奥特里，坐在桥牌椅上，要听，要讨论，要争议好几个小时。这令人兴奋，让人疲劳，有时还隐晦难懂。但是却又不得不听——

"索尔贝太太，一刻钟前您思想开了小差。"

"是的，先生，对不起。"

"那么我给索尔贝太太再说一遍。"

他又做了一次说明，那么清楚，连索贝尔太太自己也奇怪那么明白的事会弄不懂。

有一个夜里，1点钟，我们都在下楼梯，柯莱特·

困惑的探索者　**萨特**

→马克思

奥特里对索贝尔太太说：

"您的脑袋没有涨得像南瓜？我是撑不住了！"

"哦！柯莱特，您的话真叫我高兴！我到后来一点也不懂，我现在头还痛得厉害，我以为只有我才这样呢。"

"我要跟他说去。不可能连续听上7个钟点不生病的，他太聪明了，人家可没法跟上他的节奏。至少48小时后才能恢复过来。明天，我给他打电话，跟他闹。"

索贝尔太太离开时安心了。如果一位取得大学哲学教师资格的人也有这样的反应，何况她这个无文凭的人。

索贝尔太太的文凭是她有一天从萨特那儿领来的，这比有了一张博士文凭还骄傲。她在《现代》工作了15年。萨特要她把南特大学的一名学生向杂志自我推荐的文章寄还给他。这已是他第5次投稿试图发表。

"您让他明白他的文章对十六七岁的大学生来说是写得不错的，他写的是一篇作文，还有不要给这个有……有什么？两张还是三张学士文凭……的家伙缠住，我们没有时间可以浪费。"

突然他转身朝向索贝尔太太：

"说来也是，索尔贝太太，您有什么文凭？"

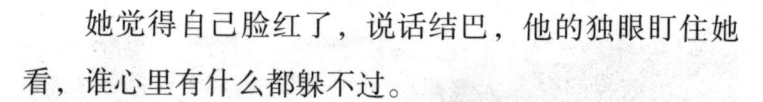

她觉得自己脸红了，说话结巴，他的独眼盯住她看，谁心里有什么都躲不过。

"啊好！好吧，现在您有两张文凭，今后不用再提了。"

哲学敌不过牙痛

1945年，萨特的继父故世后，他在波拿巴路安顿下来。曼西太太照顾他生活起居，保证他的舒适安静。他们组成一对又温柔又滑稽的母与子。对她来说，萨特不是天才，而是他的布鲁。他们两人都很懂音乐，弹四手钢琴。他住在她家，但是在餐馆用餐，在咖啡馆写作与接待朋友，经常出门旅行，时间用在女人、学生、讨论和工作方面。尤其是工作。

他夜里写作，每到晚上，曼西太太把一热水壶茶放在他的办公桌边。还有一只取暖炉。有一天早晨，她发现他非常激动，在办公室里走来走去，一只手放在腮帮上。

"妈妈，我是个浑球，我50出头了，成了个浑球，这太可怕了。我一个夜里没有写出一行，你没有给我留茶。"

"你的茶跟平时一样在那边，你没有碰上一碰！"

"那是我浑球到家了。我没写东西，又看不见茶。"

←萨特

他的手始终放在腮帮上，肿得有两个腮帮那么大。

"但是你发炎了！"他的妈妈大叫，"看着我，看着……"

他抽回手，照镜子，细瞧自己的肿腮帮，终于承认是痛，不是未老先衰，使他无法工作。

曼西太太立刻给她的牙医打电话，牙医立即给他诊疗。牙拔掉，脓包破裂，痛也减轻了，萨特这才发现了他直到那时还不知道的"新人类"：牙医。

"他们非常有效，您知道。您应该让他们检查您的牙齿，索尔贝太太，这是个明智的预防，这些牙医都很有能耐。"

"先生，我就是这样做的。一年我去做两次检查。"

"真的吗？"

他惊呆了。这样我知道了生活中他所不知道的另一面。"牙医是很棒的人"他对谁都说，"您应该去找他们诊断……"

星期日会议并不总是谈哲学与文学，有时也谈些较为轻松的事，如西蒙娜。德。波伏瓦说的一件大衣的故事。她和萨特从一家餐厅出来，漫步下坡走到圣日耳曼大道，一直在对话，这时她发觉萨特不停地举手臂。

"您在干吗，萨特？您为什么不停地举手臂？"

"我不知道。我的衣袖有点碍事。"

她检查他的大衣。

"萨特，您的大衣拖在地上，袖子也长了许多，您的手也看不出来了！"

他在衣帽间里取错了大衣，两人走回头路去把它换了过来。

不管分心不分心，他是个老板。当他出外旅行或者在写书时，他可以五六个月对杂志不闻不问，不可避免地，销量与订户都会下降。当我把这事对他说时，他大吃一惊。于是他回来，重新选择稿子，写文章，刊登他下一部书的章节，马上立竿见影，销量就会上升。《现代》杂志社从不缺少天才，但是这份杂志在法国内外取得成功总是靠他一个人。

1948年2月，萨特加入并参与组建"革命民主联盟"，任联盟执委。这个组织的领导人大卫。卢塞曾进过纳粹的犹太集中营，是前托洛茨基分子，流放德国而幸存下来。在冷热最激烈的日子里，法国共产党被排斥出政府。"革命民主联盟"打算乘虚而入，以民主、中立、反斯大林主义、维护和平等口号为纲领，使资产阶级左翼以及尽可能多的工人群众加入自己的组织，以期形成一股巨大的政治运动。"革命民主联盟"的目标是：消除法共的官僚化弊病，促成其革命意志的再生；推动法国政府脱离以美苏为首的两大阵营的影响，走上"第三条道路"。萨特认为，只有政治上的中立主义才能使法国以及整个欧洲从美苏两大集团的对峙中解脱出来，也只有它才能促进法国的革命变革，使其成为真正的、非斯大林主义的社会主义。萨特对这个组织寄予了厚望。

萨特的"第三条道路"在现实中却是进退维谷，他的希望很快成了泡影。他的政治主张和实践遭到左右两个方面政治力量的攻击。梵蒂冈教徒将他的著作列为禁书，法国共产党人也对"革命民主联盟"进行了激烈抨击。参加该组织的人日见其少，更严重的是，组织的主要领导人卢塞等人逐渐背离政治中立主义的宗旨，越来越向美国靠拢，甚至向美国寻求财政援助，终于变成一批反共分子。对此，萨特先是沉默，继而表示反对，辞去联盟内的职务。1949年底，这一组织彻底解体。

退出联盟后，萨特仍然致力于寻找"第三条道路"。从20世纪50年代初，他的政治立场开始逐渐倾向"东方"，并在一系列著作中为苏联的内外政策辩护，试图改善战后这么多年他同法共和苏联的不融洽关系。他一方面谴责苏联的集中营，一方面又认为苏

← 萨特与夫人

联是一架"出了故障的机器",认为总体上苏联是站在正义人民的一边。他的做法遭到不少老朋友、老同事的反对,并先后导致他与昔日战友们分道扬镳。

最为引人注目的是萨特与加缪的绝交。1943年6月2日,《苍蝇》首次演出之前彩排之际,萨特在大厅里,有个褐色皮肤的青年自我引见,自称是阿尔贝·加缪,从此萨特与加缪订交。事实上,此前两位作家就已神交,并且互相赞赏过对方的作品。相识后两人成为挚友,但是,战后加缪成了反共分子。

1951年11月,加缪发表了哲学著作《反抗者》。书中认为,历史是无所谓方向和意义的,马克思主义关于未来社会的理论不过是某种神秘主义或乌托邦主义之类的东西。事实上，人不可能创造出一个绝对完满的社会，苏联人也不可能，因此，苏联当前的一代不应为明天的所谓"完满的社会"而牺牲自己的权利和幸福。同时，加缪还因"西伯利亚的劳改集中营"而激烈地谴责苏联。在他看来，革命往往伴随着法西斯主义的出现，法国革命和俄国革命就是例证。

萨特的朋友，《现代》期刊的编辑之一尚松就《反抗者》发表了书评。尚松指出，加缪没有理解乃至完全忽视了以往革命的历史条件，而只是从抽象的道义立场出发去检查和评价这些伟大的政治事件，因此，他必然只能得出否定的结论，他所提出的批评和指责也只能是不负责任的。为此，加缪致信《现代》编辑部，指斥尚松误解了自己的本意，并把矛头指向萨特，挖苦萨特，说他"从不设法提出什么奏效的东西，而总是把座椅放在历史的方向上"，指斥萨特拒不对苏联的"反人道行为"做出应有的批评。

萨特不能再保持沉默了，他发表了著名的《致加缪书》，正面阐述了自己对加缪主要观点的看法。关于历史的方向和意义问题，萨特认为不能说它有目的或没有目的，"问题不在于认识它的目的，而在于给予它一种目的。""问题不在于历史有无意义和我们是否应当参与历史，而在于，当我们全身都在其中的时候，试图给它一种我们认为最好的意义，同时不拒绝给予任何必要的具体行动以帮助，不管我们的帮助多么微薄。"对于苏联集中营问题，萨特否认了加缪的指责，声称自己同样认为它们是不能接受的，同时又指出："我看到反共分子对这些苦役犯的监狱的存在感到高兴，我看到他们利用这一点来安慰自己的良心，我没有感到他们要去援助土库曼，但我感到他们利用其不幸，正如苏联利用其劳动一样。"这段文字揭露了反共分子的伪善面目，同时表明，萨特在走着一条偏向于苏联的"第三条道路"。

至此，法国的存在主义者集团在政治态度上已经发生了严重的分裂。加缪以沉默回答了萨特的反批评，论战至此结束，同时结束的还有两位作家的友谊。

萨特和梅洛—庞蒂在政治上也发生了分歧。梅洛—庞蒂是萨特的校友，在巴黎高师时比萨特低两级，也是一位重要的存在主义作家。他们曾一起参加过地下抵抗运动，一起编辑和出版过《现代》期刊，他的学说对萨特也产生过积极影响。1950年1月，他们还曾一起著文，讨论苏联的西伯利亚劳改营问题。一方面他们对苏联的劳改营进行了抨击，认为现存的苏联制度与法西斯主义有不少相似之处；另一方面，他们又提出，苏联作为唯一的社会主义国家不应该由资产阶级的道德标准来加以评价。考虑到苏联建国时期面临的内战、资本主义的围困、纳粹的威胁和战争等困难条件，就不会为它的领导人所被迫采取的暴力统治而奇怪。萨特和梅洛—庞蒂进一步指出，法西斯主义和资产阶级自由派的暴力属于当下的人类历史，而共产主义的暴力则可能只是人类所患的一场疾病，可能只是人类为达到真正的人道主义不得不走过的一段弯路。

几个月后，朝鲜战争爆发了。梅洛—庞蒂认为苏联已彻底蜕化，它成了战争的制造者，整个人类历史进入了歧途。他和他当时实际负责的《现代》期刊都主张对战争采取不介入的态度。相反地，战争却使萨特进一步介入政治领域。他以一个党外人士的身份，起而为共产党人辩护，为苏联辩护。萨特反对法国政策对法共的迫害，撰文《共产党人与和平》支持法共，认为共产党仍然是工人阶级的真正代表，把苏联与和平事业，而把美国与战争等同起来。这篇文章使他获得了法共和苏联的好感。1954年2月，他应邀去比利时参加东西方作家"对话"；5月第一次去苏联访问；同年12月又当选为法苏友协副主席。与此同时，梅洛—庞蒂却改变了他与苏联和法共的友好关系，他对共产主义的怀疑日益加深。政治上的分歧使两人的继续合作成为不可能。

1953年6月,梅洛—庞蒂辞去《现代》期刊编委职务。1955年6月,梅洛—庞蒂针对萨特的《共产党人与和平》一文发表了《辩证法的冒险》一书。梅洛—庞蒂仔细地分析了存在于《存在与虚无》和《共产党人与和平》两著作中的矛盾,尖锐地指出,萨特对社会、历史同个人自由的关系做了错误的理解,《共产党人与和平》仍然没有改变萨特以前的"绝对自由说",因为萨特没有把他的自由观与马克思主义的历史和社会的概念结合起来。梅洛—庞蒂认为按照马克思的观点,实践是一种现实的努力,它要克服那些造成现实社会中异化现象的根本原因;相反,萨特却把实践解释为个人自由,于是,共产党就成了从虚无中创造革命行动的自由的主体。

这些分歧终于造成了萨特和梅洛—庞蒂的分手。萨特的政治主张进一步倾向苏联,他甚至考虑过是否加入法共。但是,1956年的布达佩斯事件改变了这一切。毕竟,萨特不能选择时代,而只能在时代中自我选择……

斗士

> 在行动中，没有他人，有一些我自己。
> ——萨特

1956年10月，布达佩斯事件发生。同月24日，苏军进入匈牙利。法国共产党对此采取了支持的态度。当时，萨特和波伏娃正在罗马旅游。

11月9日，萨特接受了《快报》记者的采访，他直截了当地谴责苏联的行动是对匈牙利的侵略。他毫不顾忌自己近年来与苏共的友好关系，说道："我完全地、无保留地谴责苏联的入侵行为""没有人把这种责任（指'拯救'匈牙利的责任）放在俄国人的脚下。我再说一遍：苏联现政府犯下了罪恶。苏联领导人中间的宗派斗争，使权力落到了一个集团的手中，这一集团谴责了斯大林，却又像斯大林主义者那样行动。所有的历史罪恶都被忘记了；我们已经忘记了自己国家的罪恶，其他国家也将一点一点地忘记它们。如果有一天苏联政府发生了变换，如果新的领导人试图在

← 萨特

社会主义国家之间真正实行平等的原则，苏联的罪恶也可能将被忘记。但是，就今天而言，我们只能对其进行谴责。"这篇谈话成为法国轰动一时的新闻，并在国外被广泛引用。萨特还严厉地抨击了法共的立场。萨特声称，即使有一天，人们原谅了苏联的"罪恶"，"我绝不可能再和当今领导法共的人们重新建立关系了。他们（今天）的每句话、每个姿态，都是说谎和僵化的30年的最终结果。"

萨特与和平运动中的其他非共产党成员一起，向苏联政府提出了严正的抗议，要求它立刻从匈牙利撤出军队。同时，萨特辞去了自己在法苏友协的职务，为匈牙利的一位流亡者的著作写了序言。不仅如此，他还在《现代》杂志发表了连载3期的长文《斯大林的幽灵》。文章宣称，布达佩斯事件是苏联二次大战后一系列恐怖和愚蠢行为的必然结果。

由于上述行为，萨特与苏联以及法共闹翻了。但是他并未因此而倾向西方，而是继续走着一条自己的斗争之路，希望能用自己的理想去影响和改变世界。

1954年，法属殖民地阿尔及利亚爆发了反对法国殖民统治、争取民族独立的武装起义。法国政府当即派兵镇压，酿成了一场举世瞩目的战争。在一个相当长的时期内，这场战争成了法国人民关心和讨论的重

要课题。围绕着这一问题，不知出现了多少政治对抗和变故。从各种罢工、示威、反战集会、阻拦军车到政府的人事更替；从一系列暗杀、行刺、绑架活动到多种老谋深算的政治谋划，各派势力采取了多种手段以表明自己的态度，并希望以此改变政府对问题的最终解决方案。

这种政治对抗在知识分子集团中也产生了强烈的反应。1957年，加缪获得了诺贝尔文学奖。在斯德哥尔摩挤满群众的大厅里，这位出生于阿尔及利亚的左翼文学家，公开发表了如下讲话："我热爱正义，但在正义面前，我要为我的母亲而战。"这篇讲演表明，他反对阿尔及利亚的独立运动，支持法国右翼军人关于继续殖民战争的要求。他的立场显然有悖于当时进步的历史潮流。

与加缪相反，萨特从一开始就反对这场战争，支持阿尔及利亚民族解放运动。1956年1月，他在一次集会上发出呼吁："我们唯一能够而且应当做的事——而且在今天是最重要的，就是站在阿尔及利亚人民一边，把阿尔及利亚人和法国人从殖民主义的暴政下解脱出来。"

1959年，萨特接受了弗朗西斯·尚松的采访，表示赞同尚松领导的支持阿尔及利亚民族解放阵线的地下联络网活动。1960年2月23日，尚松联络网成员被警方逮捕。8月，萨特在由121名有影响的知识分子签署的反战协议书即《121人宣言》上签名，支持法国士兵在阿尔及利亚战争中不服从命令。刊登这份宣言的《现代》期刊立即被政府没收。

同年9月，警方对联络网成员的审讯工作进入高潮。当时，萨特正在巴西旅行，法国政府突然收到一封署名"萨特"的信，信中明确表示站在阿尔及利亚抵抗运动一边，支持联络网活动。这封信在法国产生强烈反响。《现代》期刊编辑部被警方搜查，121位签名者被剥夺政府津贴。10月，法国右翼分子为维护殖民利益，在爱丽舍大街游行时大叫"枪毙萨特"。其实这封信是由两个熟悉他文笔的人所拟，打字稿上的签名则为一漫画家的模仿。萨特本人事前对此一无所知，但是他宁可接受既成事实，以自己的声望，给阿尔及利亚民族独立运动以积极支持。当时有谣传说，政府已做出决定：一俟萨特进入法国国境，立即加以逮捕。

11月，萨特听取国内朋友们的劝告，取道古巴和西班牙的巴塞罗那回国。回到巴黎，他立即为自己找好辩护律师，安排好被捕后的一切事宜。但以后的事态并未发展到那么严重的地步，萨特没有被控告，更没有被逮捕、受审判。据传戴高乐曾说："那些知识分

← 西蒙娜与萨特

子，让他们爱怎么搞就怎么搞……我们不要去捉伏尔泰。"当然，这也是由于法国左翼势力反对殖民战争的积极行动给政府造成很大压力，政府担心引起政治上的进一步混乱。

为了阿尔及利亚的民族独立，萨特本人付出了相当大的代价。因为组织和参加游行，他多次受到警方的威胁和警告，他还收到过右翼分子的无数恐吓信，寓所两次被炸，财物损失严重。然而萨特始终坚持自己的立场，为反对殖民战争而到处奔走，直至1962年

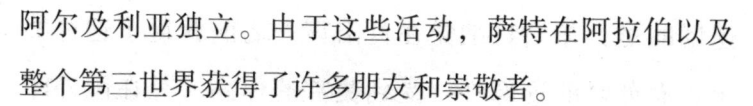

阿尔及利亚独立。由于这些活动，萨特在阿拉伯以及整个第三世界获得了许多朋友和崇敬者。

1964年10月，萨特从一份电讯稿得知自己被提名为1964年度诺贝尔文学奖候选人。萨特马上致函瑞典皇家学院，婉言谢绝，并且补充道，他对瑞典皇家学院始终怀着诚挚的敬意，他的拒绝不应当被理解为是对这种美好感情的亵渎。

虽然如此，当月22日，瑞典皇家学院仍按原计划颁布了授奖决定。萨特当晚即宣布拒绝接受，原因有两方面：一是他从未接受过任何来自官方的荣誉，这一次也不能例外；二是自己不愿意隶属某一意识形态集团，不愿去跟他们从事分裂欧洲的活动。他说："在文化战线上，今天唯一正当的工作是为东西方文化的和平共处而斗争。我不认为双方应该拥抱起来，我很清楚地知道，他们之间的对抗必然会采取冲突的形式。但是，它应该在个人与个人、文化与文化之间发生，而不应该有什么机构的插手。就个人来说，我深深地感受到两种文化之间的矛盾，我就是这些矛盾的产物。"

他还说："我知道诺贝尔奖金本身并不是西方集团的奖金，但现在人为地成了这样一种奖金……客观上成为一种保留给西方作家和东方叛逆的荣誉。""令人遗憾的是，帕斯特纳党在肖洛霍夫之前获得了这种奖金，而苏联的这部唯一受到奖赏的作品又是在国外印行，同时在国内受到禁止的。为了建立平衡，应该向另一方面做出一个补偿的姿态。在阿尔及利亚战争期间，当我们签署了《121人宣言》时，我倒会愿意高兴地接受这一奖赏的，因为它不仅是对我本人的奖励，也是给予我们正在为之而战的自由的荣誉。但当时没有人给予我这样的奖赏。"

最后，萨特提到，他为失去伴随荣誉而来的25万克朗而惋惜，因为接受了这笔奖金意味着可以将其贡献给一些重要的事业，譬如伦敦的反对种族隔离委员会；而拒绝它们，则意味着拒绝给予这些事业以必要的财政支持。

萨特的举动使得舆论界哗然，其中反对者多于支持者。天主教存在主义哲学家马塞尔称萨特为"惯常的毁谤家和有意的辱骂者"。苏联的自由派作家也因他关于帕斯特纳克和肖洛霍夫的评论而不平，认为这是对斯大林主义的支持，是对他们事业的伤害。更令萨特痛心的是那些来自穷人的数不清的信件。"他们写来折磨人的信，异口同声地要求：'把你拒绝的钱给我吧'。"

1964年，让-保罗·萨特拒领诺贝尔奖声明：

困惑的探索者　萨特

　　我很遗憾这是一件颇招非议的事情：奖金被决定授予我，而我却拒绝了。原因仅仅在于我没有更早地知道这件事的酝酿。我在10月15日《费加罗文学报》上读到该报驻瑞典记者发回的一条消息，说瑞典科学院可能把奖金颁发给我，不过事情还没有决定。这时我想，我只要写一封信给瑞典科学院（我第二天就把信给发了），我就能改变这件事情，以后便不会再有人提到我了。

　　那时我并不知道颁发诺贝尔奖是不征求受奖者的意见的。我还认为我去信加以阻止是及时的。但我知道，一旦瑞典科学院做出了决定，他就不能再反悔了。

　　我拒绝该奖的理由并不涉及瑞典科学院，也不涉及诺贝尔奖本身，正如我在给瑞典科学院的信中说明的那样。我在信中提到了两种理由，即个人的理由与客观的理由。

　　个人方面的理由如下：我的拒绝并非一个仓促的行动，我一向谢绝来自官方的荣誉。如在1945年战争结束后，有人就提议给我颁发荣誉勋章，我拒绝了，尽管我有一些朋友在政府部门任职。同样，我也从未想进法兰西学院，虽然我的一些朋友这样向我建议。

这种态度来自我对作家的工作所持的看法。一个对政治、社会、文学表明其态度的作家，他只有运用他的手段，即写下来的文字来行动。他所能够获得的一切荣誉都会使其读者产生一种压力，我认为这种压力是不可取的。我是署名"让－保罗·萨特"还是"让－保罗·萨特：诺贝尔奖获得者"，这绝不是一回事。

接受这类荣誉的作家，他会把授予他荣誉称号的团体或机构也牵涉进去。我对委内瑞拉游击队抱同情态度，这件事只关系到我。而如果是诺贝尔奖获得者让－保罗·萨特支持委内瑞拉的抵抗运动，那么他就会把作为机构的所有诺贝尔奖得主牵连进去。

所以作家应该拒绝被转变成机构，哪怕是以接受诺贝尔奖这样令人尊敬的荣誉为其形式。

这种态度完全是我个人的，丝毫没有指责以前的诺贝尔奖获得者的意思。我对其中一些获奖者非常尊敬和赞赏，我以认识他们而感到荣幸。

我的客观理由是这样的：

当前文化战线上唯一可能的斗争是为东西方两种文化的共存而进行的斗争。我并不是说，双方应该相互拥抱，我清楚地知道，两种文化之间的对抗必然以冲突的形式存在，但这种冲突应该在人与人、文化与文化之间进行，而无须机构的参与。

我个人深切地感受到两种文化的矛盾：我本人身上就存在着这些矛盾。我的同情无疑趋向社会主义，也就是趋向于所谓东方集团，但我却出生于一个资产阶级的家庭，在资产阶级的文化中长大。这使我能够与一切愿意使这两种文化相互靠拢的人士合作共事。不过，我当然希望"优胜者"，也就是社会主义能取胜。

所以我不能接受无论是东方还是西方的高级文化机构授予的任何荣誉，哪怕我完全理解这些机构的存在。尽管我所有同情都倾向于社会主义这方面，不过我仍然无法接受譬如说列宁奖，如果有人想授予我该奖的话。现在当然不是这种情况。

我很清楚，诺贝尔奖本身并不是西方集团的一项文学奖，但它事实上却成了这样的文学奖。有些事情恐怕并不是瑞典文学院的成员能决定的。

所以就现在的情况而言，诺贝尔奖在客观上表现为给予西方作家和东方叛逆者的一种荣誉。譬如，南美一位伟大的诗人聂鲁达就没有获得这项荣誉。此外人们也从来没有严肃地对待路易·阿拉贡，而他却是应该获得这一荣誉的。很遗憾，帕斯捷尔纳克先于肖洛霍夫获得了这一文学奖，而唯一的一部苏联获奖作品只是在国外才得以发行，而在它本国却是一本禁书。人们也可以在另一种意义上通过相似的举动来获得平衡。倘若在阿尔及利亚战争期间，当我们签署"一二一人权宣言"的时候，那我将十分感激地接受该奖，因为它不仅给我个人，而且还给我们为之而奋斗的自由带来荣誉。可惜这并没有发生，人们只是在战争结束之后才把该奖授予我。

瑞典科学院在给我授奖的理由中提到了自由，这是一个能引起众多解释的词语。在西方，人们理解的仅仅是一般的自由，而我所理解的却是一种更为具体的自由，它在于有权利拥有不止一双鞋和有权利吃饭。在我看来，接受该奖，这比谢绝它更危险。如果我接受了，那我就顺从了我所谓"客观上的回收"。我在《费加罗文学报》上看到一篇文章，说人们"并不计较我那政治上有争议的过去"。我知道这篇文章并不代表科学院的意见，但它却清楚地表明，一旦我接受该奖，右派方面会做出何种解释。我一直认为这一"政治上有争议的过去"是有充分理由的，尽管我时刻准备在我的同伴中间承认我以前的某些错误。

我的意见并不是说，诺贝尔奖是一项"资产阶级"的奖金，这正是我所熟悉的那些阶层必然会做出的资产阶级的解释。

最后我再谈一下钱的问题。科学院在馈赠获奖者一笔巨款的时候，它也同时把某种非常沉重的东西放到了获奖者的肩上，这个问题使我很为难。或者接受这笔奖金，用这笔钱去支持我所认为的重要组织或运动。就我来说，我想到了伦敦的南非种族隔离委员会。或者因为一般的原则而谢绝这笔奖金，这样我就剥夺了该运动可能需要的资助。但我认为这并不是一个真正的问题。显然我拒绝这笔二十五万克朗的奖金只是因为我不愿被机构化，无论东方或

是西方。然而你们也不能为了二十五万克朗的奖金而要求我放弃原则,须知这些原则并不仅仅是你们的,而且也是你们所有的同伴所赞同的。

正是这一点使我无论对奖金的馈赠还是对我不得不做出的拒绝感到十分为难。最后,我谨向瑞典公众表示我的谢意。

让-保罗·萨特

可见,萨特被误解了。其实,他原本心里既不想向苏联献媚,也不是要伤害瑞典皇家学院以及其他诺贝尔奖获得者的感情,他只是企图借此机会宣传自己的政治理想,以便有助于东西方和解及其文化的广泛交流。

1965年3月,美国总统约翰逊下令轰炸越南北方,从而使越南战争升级。5月,萨特做出反战举动,他取消了与美国康奈尔大学原定的讲学计划,拒绝去美国。他公开声称对越战争完全是阿尔及利亚战争的重演;越共应当被看作合法政府,美国政府应当同它举行和平谈判。萨特还致电美国知识分子,希望他们能像自己的法国同道们反对阿尔及利亚战争一样去反对对越

困惑的探索者　萨特

→反对越战人群

战争。

1966年，国际著名的哲学家柏特兰·罗素以自己的存款为基本资金，邀请世界许多知名学者组成"国际战犯审判法庭"，调查并审理美国侵略罪行。萨特欣然接受了邀请。11月，法庭正式成立。

1967年4月，萨特致函戴高乐总统，请求允准罗素国际法庭在巴黎开庭，被戴高乐婉言拒绝。萨特公开了戴高乐的复函，并声称罗素法庭绝不会因此而取消，哪怕是设在泊于公海的船上，它也一定要完成自己的使命。几经周折，罗素法庭于同年5月在瑞典首都斯德哥尔摩开庭，由萨特任执行庭长。这次主要审理以下两个问题：一是美国是否犯有国际法所确定的侵略行为，二是美国是否轰炸了非军事目标，其程度如何。

同年11月下旬，法庭在丹麦的罗斯基勒第二次开庭。判决书确认，美国政府对越南人民犯下了种族灭绝的罪行。萨特作为执行庭长对此做了总结性说明。他的讲话后来以《种族灭绝者》为题发表。文章揭露了美国在越南的罪行，号召全世界进步人士用一切力量制止和结束这场战争。

罗素法庭对美国政府对越政策并未产生值得注意的直接影响，但它代表一种巨大的道义力量，反映了

困惑的探索者　萨特

反对越战的示威人群

世界进步知识分子对越南战争的关注，并在一定程度上影响了世界和美国的舆论，从而支持了越南人民的抗美救国战争。从这一意义上说，这是萨特的一次进步的国际活动。

1968年8月，苏联军队侵入捷克斯洛伐克。萨特当时正在罗马休养，他再次被激怒了。8月24日，他公开地说出："认为这是10月的侵略，就是国际法条款中定为战争罪行的那类侵略。"

当年11月28日至12月1日，萨特和波伏娃作为捷

克斯洛伐克作家协会的客人,一起来到布拉格,参加《苍蝇》和《肮脏的手》两剧在捷克的首演式。这实际上是向苏联政府作出的挑战姿态。萨特向捷克斯洛伐克作家发表谈话说:"我不知道有哪一位进步人士不谴责外国军队对捷克斯洛伐克的占领……越来越多的人正在意识到,虽然你们经受了苦难和折磨,但你们已经证明,存在着另外一些通向社会主义的道路。"

当《苍蝇》演出结束时,萨特应邀走上舞台。他的朋友、捷克作家黎姆事先曾告诉他,在这里,他可以无所顾忌地发表自己的观点。当观众要求他对捷克事件发表意见时,萨特态度鲜明,语调充满感情地说道:"我把苏联的入侵看作是一种战争罪行,当我的祖国遭受纳粹铁蹄践踏时,我写出了《苍蝇》,鼓舞人民进行抵抗活动,今天,我很高兴地看到,我的剧本正在被占领的捷克斯洛伐克上演……"萨特的讲话立即被海潮般的掌声和欢呼声所淹没。

这一期间,萨特还曾访问过一些刚刚独立而且仍在为独立而斗争的国家。1955年9月至11月,他曾到中国访问了45天,受到陈毅的接见,并参加国庆节活动。11月2日,萨特在《人民日报》发表《我对新中国的观感》一文,盛赞"在中国,直接的现实是未来""一个伟大的民族为了建立一种更人道和更公正的社会制度而努力"。1960年2月至3月，萨特访问了古巴，与卡斯特罗建立了私人友谊。回国后，以《糖的风暴》为题，在《法兰西晚报》发表了16篇报道，热情赞颂刚刚取得胜利的古巴革命。实际上还不仅如此，萨特和波伏瓦周游世界，从一个大陆到另一个大陆。他们访问了美国、古巴、中国、日本、苏联、土耳其、墨西哥、巴西、非洲大陆的大部分和几乎整个欧洲。在周游世界中，他们并没有只在城市的博物馆和它们的历史中去研究人，而主要在社会和政治现状的火热的现实中去研究人，即研究处境中的人，这引导他们永远更加深入地同人的实在相会合。

当人们读了萨特的政论集《处境》第一辑至第十辑，就会惊讶地发现当代最重大的政治问题没有一个被萨特忽视的：马克思主义和共产主义，殖民主义和新殖民主义，中国、阿尔及利亚、越南、以色列、卢蒙巴思想或南斯拉夫的铁托主义、戴高乐主义等等，这一切都是经过深刻的体验和思考以后得到的反映。这样大的规模，这样一种思索和行动互为补充的综合体系，对于萨特来说仅是一种在自由和现实主义道路上的追求而已。

思想新变

> 在凡是人所在的地方——在他的劳动中,在他的家里,在马路上,到处去寻找人。
>
> ——萨特

1958年6月,由于阿尔及利亚战争,第四共和国垮台。同年9月,戴高乐在全国公民投票中取胜,组成了以他为总统的第五共和国。他一方面继续推行自己前任的经济政策;另一方面,日益强调本国的利益,不仅放弃了法国在阿尔及利亚的殖民地,而且退出了以美国为首的"北大西洋公约组织"。在戴高乐的领导下,法国的经济和政治生活日益呈现出许多显著的变化。

在相当多的法国知识分子眼中,20世纪60年代的法国是一个新法国,比之50年代,它有许多本质的不同。社会的发展在许多方面,在相当大规模上,已经或将要超出以往思想家们的设想和预测。因此有必要重新检查那些曾经为自己衷心服膺过的理论和学说,或者整个抛弃它们，或者彻底修改其中已经陈腐、过时的部分。没有人敢于声称已经穷尽了对于新情况的认识，也没有人敢于断言别人的理论毫无可取。马克思主义者，存在主义者，天主教徒，以及后来的结构主义者，都在热烈地宣传自己的观点，同时也仔细倾听别人的看法。

此时，原有的意识形态界限似乎已经不像过去那样非此即彼、泾渭分明了。卢西·戈德曼宣称，让·皮亚杰的心理学完全能够同马克思主义认识论和谐共存。人格主义的天主教徒开始尝试将其理论同马克思主义学说协调起来。法共的主要理论家罗杰·伽罗蒂也向现象学者、存在主义者乃至天主教徒做出了友好的表示，真诚地希望能够在各派理论家之间进行广泛的对话和思想交流。

另一方面，左翼知识分子队伍也发生了某些值得注意的变化。1956年，国际上发生的3件大事极大地震动了西方知识界：国内选举左派得胜，但是却同意向阿尔及利亚增兵，延长服兵役的期限；在苏共22大上，赫鲁晓夫做反斯大林的秘密报告，法共开始是保持沉默的；再就是苏军进驻匈牙利布达佩斯。这3件事引起知识界极大的反感，有的评论说，这一年宣告苏维埃国家对西方知识界诱惑力的结束。虽然相当大

← 萨特

一部分左翼知识分子对苏联和法共的政策感到失望，但并未因此而向右转。相反，他们更加积极地从事对于马克思主义的研究，希望以自己的理论探索，解决发达资本主义所提出的一系列新问题。萨特《70岁自画像》中曾提道："正是这个时期，我在布达佩斯事件之后与共产党人决裂了。并非全面决裂，但是联系切断了。1968年以前，共产主义运动似乎代表了整个左翼，以至于与共产党决裂就使你处于一种流放境地。一旦人们脱离这个左翼，人们不是向右转，如那些投向社会党的人所做的那样，就是处于某种期待状态，那个时候，唯一可做的事情就是努力把共产党人拒绝人们加以思考的东西一直思考到底。"

正是在这样的社会和理论背景下，萨特的思想有了新的发展。1960年，萨特发表了一本长达700页的哲学论著《辩证理性批判》，这部书是萨特哲学体系的进一步发展，也是萨特对马克思主义进行研究的结果。

20世纪50年代初期，萨特曾与共产党在政治上保持密切友好的关系，就在那个时期，他重读了马克思以及其他马克思主义者的许多重要著作，并且竭力寻找一条道路，将他的存在主义方法，即以主观性为出发点的方法，与马克思的辩证法加以"综合""调和"。虽然布达佩斯事件以后，萨特与苏共、法共的友好关

系宣告破裂。但是,他不愿因之而放弃自己对于马克思主义的研究,不愿放弃已经获得的新的思想成果。他清楚地意识到,这些新的成果已经向自己旧有的学说提出了问题,应当重新清理自己的理论,研究现实提出的新问题,并以著作的形式将研究成果公之于世。

1957年1月,萨特应波兰驻法大使邀请,前往华沙参加《苍蝇》的演出,受到热烈欢迎。同时,他应邀给波兰期刊撰写了关于马克思主义与存在主义关系的文章。该文后在《现代》期刊上以"方法问题"为题重新发表。后来又成为《辩证理性批判》一书的导言,也是全书的核心。

就从这一年起,萨特全力以赴投入到《辩证理性批判》的写作。20年后,萨特说道:"写作《辩证理性批判》对我来说是在共产党对思想施加的作用之外为我自己的思想结账的一种方式。《批判》是一部马克思主义著作,但却是反对共产党人的。我那时认为,真正的马克思主义被共产党人完全歪曲、变质了。"

萨特为这部著作倾注了大量心血。他怀着极端的紧迫感进行工作,每天大量服用药物,伏案写作达10小时。"苯丙胺使我的思想和写作十分敏捷,至少是正常速度的3倍,而我正想尽快写。"由于这种紧张的超负荷的工作,萨特的身体搞坏了。波伏瓦在《时势的力量》一书中形象地记下了萨特当时的写作情况，萨特将自己拴在书桌旁，"这不是他惯常的那种写作方式：停下来思考一会儿，做一些修改，撕碎一张纸，然后重新开始……（这一次）他连续几小时一张接一张地紧张写作着，甚至无暇重读一下已经完成的部分……我能够听到他嚼碎科里特拉纳的声音，为了维持这样的写作速度，他每天要服用整整一瓶这种药物。下午过后，他累得精疲力竭，他的所有注意力都突然松弛了，他的手势变得不清晰了，而且经常地语无伦次，词不达意……"萨特在"与时间和死亡做精疲力竭的赛跑"，至1960年初，几近800页的《辩证理性批判》第一卷问世了。

在这部著作中，萨特承认，马克思主义是我们时代唯一不可超越的哲学，"历史唯物主义提供了对历史的唯一合理的解释。"但是，他同时认为，当代马克思主义者已经把马克思主义搞成为一种僵死的教条。在他们手中，马克思主义已不复为一个活的有机整体，不再成为人们探寻外部规律性的武器，不再能解释纷繁复杂的社会现象，它患了一种严重的"贫血症"。

在萨特看来，正是由于现代马克思主义者们的惰性，存在主义，这个依附于马克思主义哲学的思想体系获得了存在的权利和意义，成了马克思学说体系中

←萨特与西蒙娜在北京留影

的一块"飞地",成了医治上述"贫血症"的重要手段。

萨特认为,我们必须对下述问题做出回答:我们怎样认识历史;我们能在多大程度上认识历史;人在怎样的意义上服从着唯物辩证法。为了回答这些问题,仅仅使用"历史决定论"是不够的。我们必须研究活生生的个体,研究这些历史人物的个人活动,研究这种活动对历史形成所产生的实际作用和真实意义。而这时，存在主义就可以大显身手了，因为它是"接近现实的唯一的具体道路"，它"在凡是人所在的地方——在他的劳动中，在他的家里，在马路上，到处去寻找人。"除此以外，萨特认为，要完成这个任务，还应吸收其他新的思想成果，例如美国的社会学与弗洛伊德的精神分析学。

在《辩证理性批判》中，萨特把辩证唯物主义、自然辩证法从马克思主义哲学中排除出去，给予全盘否定。同时，他又强调以辩证法为前提的历史唯物主义，坚持辩证法来源于个人的实践。正是由此出发，他进一步阐述了关于社会集团形成、分解的理论。他将这种以个人实践为基础的社会历史发展学说称为"历史人学"或"人学辩证法""历史辩证法"。他声称这是为研究个人活动问题而找到的新方法。它既不是仅仅以个人的绝对自由为根据，也不是以对广义的社会经济生活的分析为出发点。它起始于对每一具体个人的考察，并试图在这一过程中找到个人与社会之间的"中介"，揭示出个人在社会中的活动，以及社会对个人的影响等。

在这里，萨特已不是在抽象的意义上讨论个人的绝对自由，而是试图把个人放到具体的社会，历史环境中加以考察，以求确定他的自由的真实内容和实际

←西蒙娜与萨特

限制。

　　同时期萨特所著的文学家传记《福楼拜研究》也反映出他对个人自由问题、对个人与历史、社会的关系问题的思考日益深化、具体化和现实化。在1946年的《波德莱尔传》中，个人的计划几乎没有从社会方面来加以说明。在1952年的《圣徒谢奈》中，他人成了个人自我规定、自我创造中的关键因素。而在《福楼拜研究》中，个人与社会的关系对于个人的计划是最根本的东西。在《福楼拜研究》中，萨特无意从根本上改变《存在与虚无》中的"绝对自由说"，但却在相当大的程度上修改和限定了它的一些原有观点。他认为，违背父亲的愿望，下决心不做律师而当一名文学家，这是福楼拜个人做出的选择，因而他不得不承担起这一选择带来的后果。在写作《包法利夫人》的5年里，他度过许多痛苦、沉重的时光，经历了一次又一次失败的折磨。然而另一方面，《包法利夫人》的问世，又给他带来了世界性的声誉，使他从一个普通医生的儿子一跃成为"现实主义文学之父"。同时，萨特还认为，福楼拜的上述选择不是无根据的，不是偶然心血来潮的产物，而是他所属的社会环境以及他以往全部社会活动的结果。"个人把他的各种社会规定性加以内在化：他把生产关系、他的童年的家庭、历史的过去以及当代的制度等加以内在化。然后，他又将这一切重新外在化于他的行动和选择中……"福楼拜的选择必定要受到社会环境的制约，因此，也可以认为，它的余地是相当狭窄的。萨特承认，这一思想"未出现于《存在与虚无》一著中"。而这一点，无疑标志着一个重要的理论上的进步。

20世纪60年代后期，在欧洲，特别是在法国，萨特的存在主义开始失势。萨特等人的思想都是在战前形成的，它们无疑是一些具有顽强生命力的种子。但是，如果没有适合于其生长的土壤，这颗种子不可能长成根叶繁茂的大树。二战在法国造成的既绝望又存幻想的独特社会心理曾提供了这样一片土壤。但20世纪五六十年代，随着法国经济和政治状态的改变，法国知识分子和青年一代的共同社会心理也在发生着变化。萨特虽然不停顿地追寻着上述变化，立志成为这种变化的见证人，但是，任何哲学思想都有一个不容更改的理论根基，失去了它，这一哲学也就不存在了。同时，任何哲学思想都依据于某一特定的社会心理，离开了这种社会心理，那些曾经是繁茂的思想之树也必然会枯萎和衰败。萨特的存在主义也面临着这样的困窘。

这时，一种新的理论思潮——结构主义在法国兴起了，并对萨特的存在主义哲学摆出一副咄咄逼人的挑战姿态。这一思潮的代表人物是法国著名人类学家列维—施特劳斯。

列维—施特劳斯认为《辩证理性批判》所依据的历史基础是虚假的，应该对所谓的"历史事实"作另一种理解。他认为，社会的变化是由"结构"引起的，

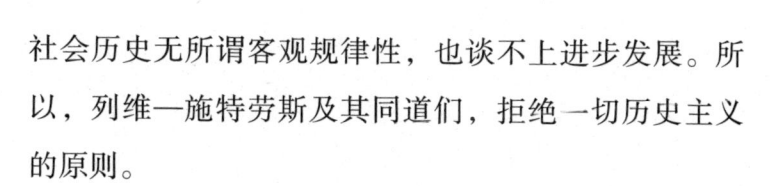

社会历史无所谓客观规律性,也谈不上进步发展。所以,列维—施特劳斯及其同道们,拒绝一切历史主义的原则。

对列维—施特劳斯的批评,萨特公开作答。他声称,自己并不一般地拒绝结构的方法,但是却不能同意列维—施特劳斯的根本原则,因为后者有两个重大理论错误:一是它是反人道主义的,因为它把人只理解为一种简单的客观物,因而抹杀了人在创造社会结构活动中的决定作用;二是它是反历史主义的,因为它不认识"历史产生了结构"这一事实,而只将结构看成某种先验的存在物。这样,结构主义就不可能对人、人的社会、人的历史做出一种科学的回答。

萨特的批评同时也提出了一些建设性的看法。他认为,我们应当逐步建立一种历史—结构的哲学,也就是说,我们应当综合以往哲学的研究成果,吸收当代科学的新发现,从而解答在漫长的历史运动中,人怎样创造了各种社会结构,以及这些由人所创造的社会结构具有怎样的形态。萨特的提法反映了西方哲学界在理论上的基本趋向,表达了他希望融合历史主义和科学主义两种思想潮流的愿望。

希望

> 确切地说,我正在反抗,我将在希望中死去……
> ——萨特

1968年3月到5月,法国爆发了世称"5月风暴"的学生—工人运动。在不到3个月的时间内,成千上万的学生、工人占领了学校、工厂,构筑了街垒。交通邮电中断,工商业停顿,日常生活秩序被破坏,全国陷入一片混乱。

这次运动具有以下几个重要特点。

首先,它发生在法国政治稳定、经济繁荣的时期。政治上,戴高乐已经结束了第三第四共和国时期的混乱政局,解决了令人头痛的殖民地问题,并在政府中控制住了一个稳定的多数;经济上,法国已踏上了第二次产业革命的坦途,成了一个典型的工业社会。因此,没有人曾事先预料到这次运动的爆发。

其次,在这次运动中,尽管也有一些具有政治色彩的小组织在活动,尽管在一段时期内,工人、学生等也组织了许多相当松散的、极端民主化的"行动委员会",但总体上则始终未能形成一个有权威的组织中心、一个统一的行动纲领、一个对于运动前景的明确估计,"行动委员会"也并不试图掌握国家政权。整个运动带有明显的无政府主义性质。在运动达于高潮时,无论是戴高乐总统,还是社会党领袖密特朗,无论是法国共产党还是法国总工会,都失去了号召力,根本无法左右局面。

再次,这次运动来势很猛,但消解得也很快。按照萨特在《辩证理性批判》中的说法,以往革命大致经历"融合集团""誓愿集团"和"制度集团"等几个阶段。它们一方面使革命最终获得成功,另一方面使一个新的官僚体制得以建立。然而,这次革命基本上停留在"融合集团"阶段,只是在个别情况下,出现了某种"誓愿集团"的雏形,如"行动委员会"等。

最后,这次活动的参与者,无论学生还是工人,都未提出过接管国家政权或改变社会制度的要求。他们也不是为了提高工资等物质利益,当工会与政府、资方达成协议,同意增加工人工资时,工人们却断然拒绝。许多人对他们在生产过程中创造性受压抑的状况极为不满,他们把这次运动看作是对由他们创造,而反过来又窒息他们的创造性的社会结构的反击。在

← 萨特

运动中,他们尽情地发泄、破坏,他们把运动看作是一次真正的欢乐节日。

5月底,戴高乐采取了一系列强有力的措施,很快使整个运动趋向瓦解。学生和工人们又回到各自的岗位上,整个法国重新恢复平静。

对这次运动,法国各派政治家和社会理论家做出了各式各样的反应。悲观失望者有之;置若罔闻者有之;公开反对,极尽诬蔑、谩骂之能事者也有之;而萨特、波伏娃等人却始终采取了积极支持的态度。

5月6日,萨特即表态全力支持学生运动,并出入大学院校及工厂,反对军警弹压。5月8日,萨特与波伏瓦等人发表宣言,号召工人和知识分子同学生们联

困惑的探索者　**萨特**

→西蒙娜

合起来。5月10日,他又与列斐伏尔、高兹等人发表宣言,认为这场学生抗议运动是要努力避免社会的"异化了"的制度,而不只是设计大学改革。5月12日,在接受卢森堡电台采访时,他宣称赞成学生论战和巷战的策略。5月20日,萨特对巴黎大学造反学生讲话,谴责法共,认为它不但不革命,"甚至连改良主义也谈不上。"并同学生领袖柯恩—波恩迪谈话。

"5月风暴"以后,萨特还在不断尝试用自己的哲学思想总结这场运动。1969年,萨特在两次会见记者时很乐观地谈道:"'5月事件'告诉人们,革命在发达社会内也有可能爆发。"他认为,"5月风暴"缺乏一

个能指导革命同时又不窒息其成员的创造性的党的领导,这是一场没有政治革命的文化革命,所以,它必然会失败。然而,正是通过反对异化和要求自治的斗争,它揭示了发达社会的矛盾和局限性。

1975年,萨特在其《70岁自画像》一文中进一步总结道,"5月风暴","是第一个暂时实现了某种与自由相近的东西的大规模社会运动;从这一点出发,这个运动曾努力探求什么是行动中的自由。"萨特相信这一运动及其结果是对他在《辩证理性批判》中提到的自由学说的某种确证,"归根结底,在街垒上造成1968年5月事件的那些人要求的是什么呢?他们什么也不要求,至少不要求政府可以让给他们的任何明确的东西。这就是说他们要求一切,要求自由。他们不要求政权,他们没有试图夺取政权,因为今天对于他们,对于我们来说,需要消灭的是使得行使权力成为可能的那个社会结构本身。"

"5月事件"以后,萨特继续支持左派青年、学生的反政府活动。1970年4月,左派报纸《人民事业报》负责人勒堂戴克和勒布理被捕,萨特自第20期起接任社长。后来,他还担任《一切》《我控诉》《革命》等报刊的领导职务。这倒不是因为萨特完全赞同他们的观点,而是想用自己的声誉和影响,保护这类激进派出版物免遭查封或勒令停刊。6月19日，因《人民事业报》上发表的文章，萨特被指控犯有诽谤罪。当月20日和26日，他亲自上街叫卖报纸，受警方拘禁质询，随即被释放。9月，他为勒堂戴克和勒布理案件出庭作证说："假如他们有罪，我比他们更有罪；如果他们是无辜的，我也不比他们更无辜。"

1973年6月以后，萨特双目濒于失明，已无法看书写字，但他仍然不停止社会活动。1974年，他应法国电视台之邀，计划作20世纪历史讲座，但是这个讲座于次年9月被中止，"这实际上掩盖着一种审查措施。"1979年6月，萨特与失和多年的高等师范同学雷

→西蒙娜在工作

蒙·阿隆一同去爱丽舍宫见共和国总统,为越南"船民"请愿,要求政府救济难民。"我们过去为越南做了不少事,现在还有更多的事要做!"这是萨特最后一项重要政治活动。当年年底,苏联入侵阿富汗,当欧洲一记者问:"依你看,今天谁家是肮脏的手?"萨特回答道:"是苏联政府,我认为这是肯定无疑的。"

1980年,萨特在几篇谈话录里修改了自己以往的某些观点。他承认,自己关于"自由是价值的唯一的泉源"的提法是不确切的,而造成这一错误的原因在于,"在我的早期的探索中,我像绝大多数伦理学家一样,是在一个没有相互关系或者没有别人的意识中寻找道德。而现在,我认为,任何在某一特定时刻表现为一种意识的东西必然是受到限制的。而且往往是由当时在场,甚至暂时不在场但是存在着的别人引起的。换句话说,我现在认为,任何意识本身既是一种意识,同时又是别人的意识和为了别人的意识。这个本身把自己看作是为了别人、和别人有着某种关系的本身,就是我称之为道德意识的东西。"与此相应,萨特还批评了自己在《存在与虚无》中提出的他人学说。他认为,今天,他已经为所谓他人问题确定了新的理论原则,即"每个个体对于其他所有个体的依附性"。"这是每一个对每一个的关系问题,是先于封闭的整体构

困惑的探索者　**萨特**

老年的西蒙娜

成的关系，甚至阻止这些整体永远被封闭。"

这两点修改表明，萨特，这位《辩证理性批判》的写作者，恰恰是早年写作的《存在与虚无》有关问题的经常的批评人。

1980年3月20日，萨特因肺气肿被送进医院，他曾昏睡，但醒来还神志清楚，偶尔还与朋友谈话。但很快病情就恶化。他并不怕死，一直希望出院，还想着出院后可以干的事情，一直到4月13日进入昏迷状态。4月15日，这位存在主义大宗师停止了呼吸。

萨特的死在法国，在全世界都引起了巨大的震动。萨特逝世两小时后，法国电台与电视台就发布了消息。4月19日出殡时，约有5万群众自发赶来护送萨特的遗体到蒙巴纳斯墓地，灵车到达时，墓地已是人山人海，如此壮观的送葬场面，在法国是作家雨果逝世以来绝无仅有的。

萨特的去世如同他的存在主义学说产生一样，引起各方的巨大反响。当时的法国总统德斯坦与总理巴尔都以个人名义为萨特的去世发表谈话。德斯坦说："萨特的逝世使我感到人类智慧的一盏明灯熄灭了。"巴尔称萨特为"当今时代最伟大的哲学家"。一些法国和外国作家、学者也都纷纷撰文以示悼念。他们称萨特是"他那一代知识分子的伟大榜样"，就是和他进行

困惑的探索者　萨特

JEAN PAUL SARTRE
1905 - 1980

SIMONE DE BEAUVOIR
1908 - 1986

→ 萨特夫妇之合墓

了几十年论争的法共也不得不说萨特在反对殖民战争、争取自由与和平的斗争中"勇敢地站在了共产党一边，他将对我们时代的精神生活产生深远的影响"。当然也有另一部分评论对萨特完全持否定态度，但是无论什么样的意见，对萨特的理解有什么样的差别，都不能否认萨特在现代西方思想界举足轻重的地位，正如《泰晤士报》的一篇文章所指出的：萨特"同卢梭、伏尔泰和左拉一样成为既有人恨又有人爱的人物"。

萨特去世前曾说过："不管怎样，世界看来是丑恶的，没有希望，这是一个即将在这个世界里死去的老年人的不会打扰别人的失望。但是确切地说，我正在反抗，我将在希望中死去……"萨特始终把希望寄托于人而不是上帝。也就是说，他怀着对人的执着的爱，对人的行动的执着的爱离开了这个大千世界。他给这个世界，给在这个世界里生活着的人留下了50多部著作，也给我们留下难以忘怀的精神，视写作为第一生命，60年如一日不懈地以笔为武器竭尽全力地行动，不屈不挠地斗争的精神。为了实践他的介入哲学，他义无反顾地投身于社会斗争中去，不断地否定自己，也否定着他视为丑恶的外界。正如意大利小说家莫拉维亚所说："萨特在一定程度上成了一个几乎是不朽的知识分子，因为他永不满足，永不调和。"

萨特是时代的见证人，法国一代知识分子的杰出代表。任何人，无论是拥护他还是反对他，都不能对他这个人，对他的思想无动于衷。

哲学——一种生活方式

认识你自己！
　　　　　——苏格拉底

我们已经大致浏览了萨特的生活历程，如果再从文化的角度来看萨特其人其学会进一步加深对他的了解。

存在主义实际上是对西方文化危机的一次总体反思。萨特曾说过："必待近两个世纪的危机——信仰的危机、科学的危机，人类才得以收回被笛卡尔放在上帝身上去的那种有创造力的自由。并且终于推测到作为人道主义的主要基础的这条原理：人是这样一种存在物，由于它的出现，才使一个世界存在。"存在主义正是在各种幻想破灭的信仰废墟上寻求人的存在的真谛，在遭遇虚无之后去寻求存在。

西方文化危机表现在诸多方面。在西方，从中世纪末叶迄今为止的这一漫长历史时期的中心事实无疑是宗教的衰微。宗教的衰微指的是，宗教不再是人们

←笛卡尔

生活的绝对中心和支配者，而教会也不再是人们生存最后的家或收容所。虽然，随着科学昌明而来的丧失信仰是宗教衰微的主要历史原因，但是，宗教衰微是一个比意识观点改变复杂得多的事实，它渗透到人的整个心理生活的最深处。对于中世纪的人来说，宗教与其说是个神学体系，毋宁说是种坚实的心理基质，这基质环绕着个人从生到死的全部生活，以圣礼和仪式把一切普通的和特殊的事务都囊括起来，并使之神圣化。而失去了宗教，人也就同时失去了他同超越存在领域的具体联系，他不得不独自面对这个陌生的客体世界。在这样一个世界里他势必会感到无家可归，因为它不再能够满足他的精神需求。一个家乃是个人所接受的包容着他生命的框架，当他被抛了出来就会漂泊无依，成为一个浪迹天涯的漫游者。从此，人就不得不独自去承担教会曾为他干过的事情。在从中世纪进入现代世界的入口处有科学、新教和资本主义。随着新教的兴起，现代把人剥得"赤身裸体"的长期奋斗开始了。新教揭开了自然的面纱，剥去自然的精神意义，剥去人的精神投射到它上面的全部象征性形象，这非常适合于新科学。新教也确实成功地把宗教意识提高到个人的虔诚、良心的自我反思以及紧张的内在性这样一个更高的水准。为了能够直接面对他的上帝，面对他的信仰的严厉而又不可解释的要求，人被弄得一无所有了。新教的原罪学说承认在意识层次之下，还有一些深渊，在那儿，严肃的灵魂要求自我审问。只要信仰坚定，人性中的非理性因素就能得到认可，并在人的总体机构中占据中心地位。但是随着现代社会的向前推进，信仰在生活各部门都变得越来越世俗化。信仰也因此变得淡薄了，新教徒越是极力保持同上帝面对面的基本关系，这种关系就越发变得淡薄，直到最后，这种同上帝本人的关系就有可能变成一种同虚无的关系。

现代史学家一再表明，新教与资本主义精神十分

吻合。德国社会学家马克斯·韦伯为整个近代西方历史提供了一条主要线索，他把近代西方历史的中心过程说成是人类生活组织的不断理性化过程。封建主义是具体的和有机的，在这种制度下，人总受到土地意象的支配；而资本主义在精神上却是抽象的和算计的，并且割断了人同土地的联系。在资本主义社会里，一切都是随着为追求效益而合理组织经济企业的必要性而来的，其成果就是人们以过去时代的人完全不及的抽象水准生活。

现代西方社会的纯粹经济力量同样对人具有两重意义。生产的合理安排使得前所未有的物质繁荣有了可能。不只是大众物质需求比以往任何时候都更能得到满足，技术还发达到足以产生新的需求，而且也同样能够予以满足。所以这一切都使这个时代的生活非常外在化。技术成功本身为这个时期造就了一整套纯粹依靠外在事物的生活方式。至于那隐藏在这些外在事物背后的东西，即独特的和完整的人格本身，则衰退成了一片阴影或一具幽灵。

现代西方人由于具有支配物质世界的力量感而从中世纪涌现出来，但是经历了大战，他发现社会表面的稳定、安全和物质进步，同人类的一切事物一样，都是立足于虚无上的。他的力量感整个地转向了反面：

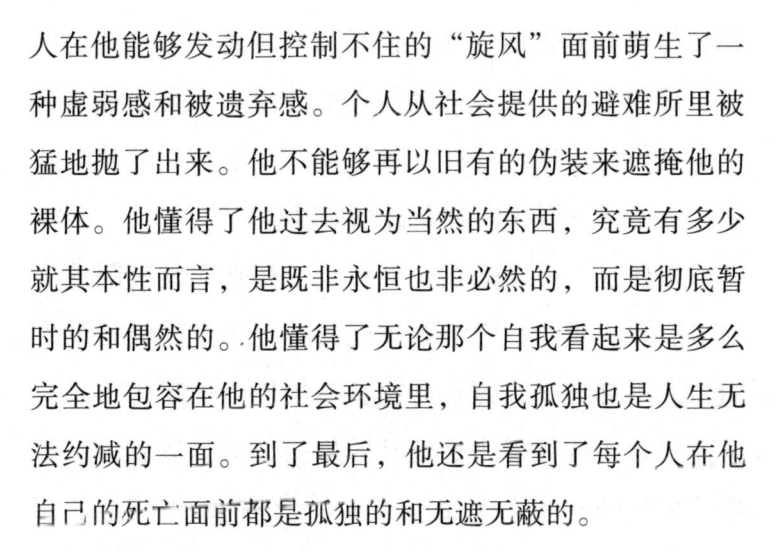

人在他能够发动但控制不住的"旋风"面前萌生了一种虚弱感和被遗弃感。个人从社会提供的避难所里被猛地抛了出来。他不能够再以旧有的伪装来遮掩他的裸体。他懂得了他过去视为当然的东西，究竟有多少就其本性而言，是既非永恒也非必然的，而是彻底暂时的和偶然的。他懂得了无论那个自我看起来是多么完全地包容在他的社会环境里，自我孤独也是人生无法约减的一面。到了最后，他还是看到了每个人在他自己的死亡面前都是孤独的和无遮无蔽的。

理性终于受挫于它的对立面，受挫于层出不穷而又预料不到的事物——战争、经济危机、政治动乱等等。再者，在一个官僚化的、非个人的大众社会里，人的无家感和异化感更趋强烈。在一个仅仅要求人胜任他自己特殊社会职能的社会里，人变得和这种职能等同起来；而他的存在的其余部分充其量任其自然，通常则是被弃置到意识表层下面而被忘却。他已经开始感到，在他自己的人类社会里，他自己正是一个局外人。

以上所述，已成了存在主义哲学的主要题目。异化和疏远对人生基本的脆弱性与偶然性的感触；理性面对深层存在的无力；虚无的威胁，以及个人在这种威胁面前的孤独与无遮无蔽状态，凡此种种，每一个

都参与所有其他的,而它们又都环绕着一个共同的中心,这便是对人类有限性的透彻感受。人类对他自己从里到外是有限的这样一种发现,却是在他的技术征服自然似乎不再有任何限制的时刻达到的。

即便是在科学的真正领域,也存在人的有限性这个事实。人类学,尤其是现代精神分析学已经告诉人们,人类理性是人这种动物长久的历史性建构,人的精神根须还伸展下去达到其原始的土壤。然而,对非理性事物的这些发现却在理性本身的活动范围之外并且是人们在生活中运用理性的顽强障碍。那些在理性运用范围之内、在物理学和数学这些较为精密的科学中已经显露出来的局限则是更为决定性的。

海森堡的测不准原理表明人类认知和预测事物物理状况的能力有本质性的局限。玻尔的并协原理则揭示出一个完全适合于各个生活领域知识的悲剧性质:人们知道一个事物是以不知道某些别的事物为代价的,人们绝不能够同

← 海森堡

困惑的探索者　**萨特**

← 玻尔及其原子理论的邮票

时认知一切事物。在西方传统中，从毕达哥拉斯学派和柏拉图起，数学一直是理性主义的中心堡垒，而哥德尔却发现人所构建的每个数学体系都注定是不完全的。这表明，在理性似乎万能的数学领域，人也不能逃避他的本质的有限性。

从以上这些散漫的历史线索中浮现出来的是人本身的一个形象，他具有一个新的、轮廓明显、更近乎裸体但又更加可疑的容貌。

当人拷问自己的同时也就把一切现存秩序推上了被告席，这些秩序曾以理性为自己的辩护词，它们现在也破绽百出了。在如此处境下，人无所依傍，只能自己拯救自己，而人本身已经先是一个问题了。这样的时代呼唤一种人的哲学，这种哲学不再是任何形而上学，而是立足于人的深刻体验、表达本真的人性、导向人的真正的生存的哲学——作为一种生活方式的哲学。

先于萨特的一位存在主义大师曾讲过这样一个故事，说一个对自己的生命心不在焉的人，直到他在一个阳光明媚的早晨一觉醒来发觉自己已经死了，才知道他自己的存在。人们寻常的精神状况往往如此。假使他不肯自弃，不肯逃避自己的责任，他就不得不拷问自己，如何觉醒存在，觉醒后如何去存在？

如果一个哲学家真要讨论人的存在问题，他可以从这个问题开始：在这样的时代，哲学本身如何存在？或者更具体一点说，就是在现代世界上，哲学家如何存在？"认识你自己！"是苏格拉底在整个西方哲学发轫之际对哲学家们发出的指令。在古代希腊，哲学不是一门特殊的理论学科，而是一种具体的生活方式，是对人

← 苏格拉底

和宇宙的总体看法，个体的人据此生活。这里说哲学是一种生活方式而不仅仅是一种思维方式。在柏拉图的著作里，虽然思想已经比较分明而专门化，作为理论学科的哲学的主导路线也已制定了出来，但哲学的动机也还是和潜心研究的专家学者们的冷漠探求很不

→柏拉图

相同。对柏拉图来说，哲学是一种激昂的生活方式；苏格拉底生为哲学而生，死为哲学而死，他的不朽典范是柏拉图在其师长去世后50年哲学生涯的准绳。哲学意味着安身立命之地。哲学绝不能够放弃这些原始的要求。这些要求是过去的一部分，是永远消灭不了的。

萨特的存在主义——他的生活方式就回应着哲学这一永久的呼唤和时代对此种哲学的渴求。存在主义的主要论题对于学院哲学超然的态度来说，是令人反感的。诸如焦虑、死亡、自欺、对上帝之死的体验等等，几乎都不是学院里的恰当课题。然而，它们却是人生所面临的课题。在某些正统哲学家看来，萨特不是哲学家，而事实上，我们却可以说萨特向那个古老的希腊传统回归成了一个真正的哲学家。

对于学院里求知的哲学家而言，介绍其行为可能不甚重要，但是这对存在主义者却是必要的。我们可以把萨特同时代的存在主义哲学家，如海德格尔和雅斯贝尔斯同他做一比较。因为他们曾说过："存在主义必须在生活中印证为真诚的，生活为一个存在主义者，意即准备着为这个观点付出代价，不仅是把它写在书上而已。"这也就是声称将为自己的思想负起责任。众所周知，存在主义明显地不带有一种特殊的政治目的，

困惑的探索者　**萨特**

希特勒当权时这3位主要的存在主义者各自走着不同的政治路线也是一件很自然的事。但这不意味着3个人都是与自己的著作保持一致的。海德格尔在其著作《存在与时间》中说过很多断然面对死亡的话，可是在希特勒当权以后他却加入纳粹了。如果像他著作所说，那么他应当会很快地拒绝纳粹主义，然而事实上他的决心非常暧昧，以至于时至今日还有很多人不能理解。至于雅斯贝尔斯因为妻子是犹太人，所以在此期间决心保持缄默，但是在1954年他却愿意再度述说罪恶和破灭、恐怖和死亡。固然，他们的论调是存在主义的，然而他们的生活却与学院哲学家并无不同，因此，能否说他们像苏格拉底一样把哲学重新带回到大地上来呢？

1992年5月，德国著名哲学家汉斯·约纳斯在慕尼

→汉斯·约纳斯

思想家卷

黑作了题为"世纪末的哲学：回顾与前瞻"的演讲，其中他提到了他的老师海德格尔与纳粹同流合污的历史事件。他认为此事不仅使他感到个人的痛苦与失望，而且在他看来是哲学的崩溃，不仅是一个人，而且是哲学本身宣告了破产。他那个时代"最深刻的思想家与希特勒褐色军队的雷霆进军步调一致"使他怀疑哲学的光环是否是虚假的。不过他也提到一个反例。他有一位叫尤力乌斯·艾宾豪斯的老师，是位严格的不妥协的康德主义者，在重要性上自然不能与海德格尔相提并论，但他令人尊敬地经受了历史的考验。当战后约纳斯去马德堡拜访他并向他表示敬意时，他对约纳斯说："但你是否知道，约纳斯没有康德我不会那么做。"约纳斯说他言下有省：理论与生命是一回事！而萨特，那个"虽万千人吾往矣"的萨特，我们知道，确实承担起了存在的责任。虽然另外两位大师思想上更为深刻，但觉醒后对自己的信仰、对整个世界负责的却是萨特。

在困惑中探索的萨特，存在主义就是他的生活方式，他的真诚印证着他的思想，他通过自己揭示出生活的无限可能向人敞开，他以整个生命告诉人们自由可以是什么。